我想把本书
献给
我的爱人
保拉·扎加尔斯基
（Paula Zagalsky）
，
是她
在我人生的
艰难时刻一直
陪着我
，
是她
给了我完成本书
的动力
。

常州大学
西葡拉美
译丛

西属美洲的中国元素

海上丝绸之路的历史印记

[阿根廷] 马里亚诺·波尼亚利安

著

许　硕　郭晓娜

译

朝华出版社
BLOSSOM PRESS

著作权合同登记号：01-2022-3720

China en la América colonial: bienes, mercados, comercio y cultura del consumo desde México hasta Buenos Aires, Primera edición 2014, Buenos Aires, Ciudad de México
ISBN 978-987-691-283-9 Editorial Biblos
ISBN 978-607-9294-40-3 Instituto Mora

图书在版编目（CIP）数据

西属美洲的中国元素：海上丝绸之路的历史印记 /
（阿根廷）马里亚诺·波尼亚利安著；许硕，郭晓娜译
. -- 北京：朝华出版社，2023.1
（常州大学西葡拉美译丛）
ISBN 978-7-5054-5067-7

Ⅰ.①西… Ⅱ.①马… ②许… ③郭… Ⅲ.①中华文
化—影响—美洲—16世纪-18世纪 Ⅳ.①G17②K203

中国版本图书馆CIP数据核字（2022）第197602号

西属美洲的中国元素：海上丝绸之路的历史印记

［阿根廷］马里亚诺·波尼亚利安　著

许　硕　郭晓娜　译

责任编辑	刘小磊
特约编辑	廖钟敏
责任印制	陆竞赢　崔　航

出版发行　朝华出版社
社　　址　北京市西城区百万庄大街24号　　　　邮政编码　100037
订购电话　（010）68996050　68995512
传　　真　（010）88415258（发行部）
联系版权　zhbq@cipg.org.cn
网　　址　http://www.zhcb.cipg.org.cn
印　　刷　北京印刷集团有限责任公司
经　　销　全国新华书店
开　　本　710mm×1000mm　1/16　　　　字　　数　180千字
印　　张　11.25
版　　次　2023年1月第1版　　2023年1月第1次印刷
装　　别　平
书　　号　ISBN 978-7-5054-5067-7
审　图　号　GS（2022）4602号
定　　价　88.00元

序　言

西方传统上的历史研究一直由欧洲中心主义主导，将地中海一带视为文明的起源，史学界还将欧洲通过大西洋进行的海上扩张视为现代的开端。然而，这种角度忽略了人类文化发展的一个重心区域，即包括中国周边海域、印度洋和西太平洋在内的区域。从非洲东海岸到东南亚，从红海直入地中海，从波斯湾直到近东地区，印度洋的相关海域自文明起源以来一直是航海热点区域。夏季风从南向北吹，冬季风从北向南吹，季风的规律性使长途航行成为可能。

两千年前，公元年代初期，印度洋文明和远距离贸易蓬勃发展，形成了从马达加斯加延伸到中国南方的密集贸易网络，贸易从少量奢侈品的运输转变为每年有成千上万的小船协力运输，运输的商品既有奢侈品，也有日常消费品。[①]可以说，在 1250 年至 1350 年之间，海上贸易变得尤为重要，一个全球性市场在这一时期已经完全形成，其中，中亚商队不时地往来于非洲海岸和马来群岛之间，形成了这一时期最重要的贸易市场之一。当时，中国经济的繁荣和伊斯兰文化的发展是这一市场形成的两个重要推力。[②]

这条路线的一端是东非城邦国家，如基尔瓦（Kilwa），该国有清真寺和宫殿建筑，居住着不同民族的人们。基尔瓦的重要性在于控制着非洲内陆地区（莫诺莫塔帕王国，今天的津巴布韦仍保留着这个王国的遗迹——石头城）的黄金生产，基尔瓦商人远涉重洋，一度到达东南亚，他们在那里用自己的商品交换中国商品。这条路线的另一端是中国，穆斯林旅行家伊本·巴图塔（Ibn

---

① McPherson, *The Indian Ocean*, 1993.

② Abu-Lughod, *Before European Hegemony*, 1989.

Batuta）这样描述他见到的贸易城市 ①，"这是我见到的全世界最大的贸易城市，城市之大，需三日才能穿越全城"。这座城市共有六城，大小相包，其中一城住着犹太教徒、基督徒和琐罗亚斯德教徒 ②，还有一城住着穆斯林。那个时候，中国与世界上的其他地方来往很多，能承载 400 名乘客的大船经常从中国前往印度南部港口。后来，当中国禁止海外贸易时，其贸易活动转移到了马来西亚的贸易港口，如马六甲。15 世纪末，马六甲的人口预计在 5 万至 20 万之间，有数百名来自阿拉伯、波斯、印度尼西亚、印度和中国的商人来这里开展贸易活动。马六甲的居民说着 84 种不同的语言，那里有可能是当时全世界最大的贸易中心。14 至 16 世纪，在穆斯林船员和穆斯林商人的控制下，马六甲的贸易活动达到鼎盛。这一时期，交换的商品种类更为繁多，包括铜、铁、米和马匹等消费品。运输商品的大船上也载着一些朝圣者，有前往麦加的穆斯林，有前往瓦拉纳西 ③ 的印度人，有前往斯里兰卡的佛教徒，甚至还有追随圣多马（Santo Tomás）的足迹前往埃塞俄比亚的亚洲基督徒（主要是聂斯脱里派信徒）。

西班牙人到达菲律宾后，开始融入这个贸易体系，他们带来了西属美洲的白银。中国对白银有着无穷无尽的需求，这也是其强大的商品出口能力的体现。④ 最终，这一因素使西属美洲融入了东亚复杂的货币流通体系，墨西哥比索因此成为美元之前的全球性流通货币（不要忘了，我们经常使用的美元符号就是西班牙硬币的反面图案的简化版，其中位于盾牌两侧的两个柱子代表直布罗陀两岸的山峰，柱上有卷轴缠绕，卷轴上分别带有 "plus" 和 "ultra" 字样）。⑤ 加的斯和马尼拉之间的商业航线开通后，墨西哥在 18 世纪末铸造的硬币开始在世界各地广泛流通，后来这些硬币也在西班牙流通，神奇的是在西班牙流通的墨西哥硬币竟然带有中国铸币厂的特有标志。

马里亚诺·阿尔达什·波尼亚利安（Mariano Ardash Bonialian）出版有多部著作，他致力于审视世界经济的发展过程并探讨西班牙帝国在这一过程中的作

---

① 译者注：原文未指明是哪座城市。

② 译者注：琐罗亚斯德教是在基督教诞生之前在中东最有影响的宗教，是古代波斯帝国的国教，也是中亚等地的宗教。

③ 译者注：印度教圣地。

④ Hamashita, *China*, 2008.

⑤ 译者注：缠绕双柱的卷轴呈 S 形，S 加两竖杠表示"元"即由此而来。

用。其中，《西属美洲太平洋：西班牙帝国的亚洲政策与贸易 1680—1784》① 是其最重要的一部著作，该书探讨了 18 世纪上半叶以前太平洋贸易的重要地位，该贸易的重要地位不仅与马尼拉大帆船贸易有关，也与亚洲商品被转销到美洲南部的港口有关。

1788 年，坎波马内斯② 在《要真正解决"在西印度贸易中，延续旧制度和实行无限自由哪个对西班牙有利"这一疑惑，需要研究的几点》一文中指出，美洲太平洋市场是被西班牙统治者所忽略的一个市场③。当时，西班牙和波托韦洛（Portobelo）之间的帆船贸易体系已经停止运行，这条航线上的商品来自南美，经利马运至巴拿马地峡。自"詹金斯的耳朵战争"以《第二亚琛和约》的签订告终以来，经合恩角开展的有登记的贸易活动刺激了太平洋④ 的贸易发展，不过，这一贸易活动仍处于利马商会（Consulado de Lima）的控制之下，坎波马内斯希望能改变这一局面，以"增加内部贸易，打破利马商会的垄断"⑤。但西班牙统治者似乎无视该地区的贸易发展。1779—1783 年正值美国独立战争、英法战争之际，由于大西洋被封锁，阿卡普尔科、菲律宾和秘鲁之间的贸易被合法化，在此之后，该地区的贸易似乎更加被西班牙人所忽视。坎波马内斯意识到，贸易走私在某种程度上填补了西班牙对殖民地的商品供应的不足，因此有必要制定一套有利于在这一区域扩展贸易活动的政策。所以，应该对太平洋沿岸的港口进行更好的研究，如"研究北部的可航行河流"——因为"通往内部的河道"恰恰为国外贸易的渗透制造了便利。此外，还要"调查太平洋贸易的相关活动和商品"，如果不了解这方面的信息，做出的决定可能会有些冒险。⑥

---

① 译者注：下文简称《太平洋》。

② 译者注：佩德罗·罗德里格斯·坎波马内斯（Pedro Rodríguez Campomanes），西班牙卡洛斯三世时期的财政部长。

③ "Apuntaciones de lo que importa averiguar para resolver con acierto el gran problema de si conviene a la España en el comercio de las Indias occidentales seguir el sistema antiguo o una libertad indefinida"，参阅 Campomanes, *Inéditos políticos*, 1996, pp. 7-60.

④ 译者注：原文 Mar del Sur，该名称是西班牙人早期航海探险时期对太平洋的称呼，字面意思为"南部之海"。

⑤ 关于智利的经济活动受到秘鲁商人的管控和限制，请参阅 Ramírez Necochea, "Antecedentes", 2007, Ⅱ, pp. 68-73 y 100-110.

⑥ 对菲律宾的情况极度无知："西班牙对印度和菲律宾群岛的内部贸易几乎一无所知。"

本书强调了墨西哥在西班牙帝国中作为"贸易心脏"的重要地位，对西班牙如何逐渐失去对秘鲁总督区贸易活动的控制、被新西班牙[①]取而代之的过程进行了长时间跨度的分析。本书的一大贡献是打破了亚洲商品贸易是供上等阶层消费的"奢侈品"贸易的传统印象。与这种印象相反，作者认为，美洲殖民地消费的中国商品大部分属于日常生活用品，它们很普通、价格便宜、质量中等或一般，能够很好地适应美洲本地的偏好，这才能解释为什么亚洲商品能够广泛流通。正因如此，1745年，身在利马的一位观察者有感而发："好比北京集市开市了。"作者对"18世纪科尔多瓦和布宜诺斯艾利斯物质文化中的中国物品"的研究证实了这种看法，作者在对一系列清单、遗嘱进行搜集整理的基础上，对中国商品（尤其是纺织品和瓷器）在图库曼省（gobernación de Tucumán）和布宜诺斯艾利斯的流通情况进行了探讨。

这种新的解读并非对中国和新西班牙之间贸易往来的重要性的简单探讨。一直以来，学界都认为，西班牙官方给出的有关美洲殖民地贸易活动的数据并不可信。比如，根据官方记录，17世纪时贵金属的贸易量是下降的（17世纪末期，贵金属贸易量比17世纪初期减少了10%），然而，事实上，17世纪初至17世纪末，荷兰和英国对亚洲市场的某些贵金属的出口是显著增加的：出口额从1600年左右的每年300万比索增至1700年左右的每年600万比索。其中，这些贵金属很大一部分应该来自美洲。如果像西班牙官方数据显示的那样，美洲的出口源头是关闭的，则根本不可能实现这种增长，而且1700年的欧洲应该会由于洲际贸易的衰退而出现货币短缺的问题，但实际上没有出现这种情况。[②]

关于美洲殖民地的经济发展，也需要重新审视。如果不参考更多有关美洲殖民地和西班牙之间的贸易数据，就很难了解美洲殖民地经济状况的真实面目。只有丰富贸易数据的多样性，才能对殖民地内部及殖民地之间的贸易活动有更好的认识。波尼亚利安认为：美洲和亚洲之间的贸易路线是大西洋贸易路线和

---

① 本书中的"新西班牙"指的是1535年成立的新西班牙总督区，该总督区首府设在墨西哥城，设立之初本意是管辖西班牙在新大陆上的所有领地，但实际上仅管辖新西班牙（今墨西哥）、新加利西亚、中美洲及加勒比海诸岛等地区。

② Attman, *The Bullion*, 1981; Bernal, *La financiación*, 1993; Morineau, *Incroyables gazettes*, 1985; Everaert, *De internationale*, 1973; Álvarez Nogal, "Las remesas", 1998, Nº2, pp. 453-488.

太平洋贸易路线共同组成的贸易网络中的关键动力，这也是本书想要强调的一点。

　　波尼亚利安的研究为审视美洲殖民地经济的整体面貌提供了非常宝贵的依据。

约瑟夫·丰塔纳

2013 年，巴塞罗那

引 言

2012 年 5 月，在圣弗朗西斯科漫步的我一时兴起，去拜访了那里著名的唐人街，它是北美最古老的唐人街，那里有亚洲以外全球最大的华人社区。一家又一家的商铺逛下来，琳琅满目的商品令我惊奇不已。其中一家店卖的是极其精美的古家具，只有足够有钱且习惯于高端消费的游客才有能力在这里消费。这家豪华商铺的隔壁是一家略显简陋的中国商店，出售的商品分为两大类：丝织品和陶瓷。与隔壁的家具店不同，这里的商品随便哪个市民，不论工资高低，都买得起。几天后，在离圣弗朗西斯科上万公里的阿根廷科尔多瓦省的小城拉法尔达（La Falda），我在一个小商场里逛街时，听到两位女士边逛边在讨论服装店里卖的来自中国制造的廉价物品。这种情景很容易让我们联想起全球化的历史现象。当今世界的全球化程度在日益提高。中国经济的指数式增长令资本主义世界的政治家和经济领导者倍感吃惊，他们也十分关注中国在世界舞台上的领导地位。如果我们通过对历史的研究追溯过去，才会理解中国商品的"泛滥"和全世界大量消费中国商品的现状并非当今时代的产物。即使我们会感到吃惊，但事实上，今天我们看到的很多独特的现象不过是由过去的地缘政治和国际战略的争端而引发的，比如所谓的"中国在美洲的不为人知的经济入侵"，以及超过欧元区和北美的影响力、吞噬世界市场的所谓的"亚洲帝国主义"。

近期的史学研究开始意识到将旧体制或殖民制度下的历史进程与帝国舞台和世界舞台联系在一起的必要性。以广阔的视野重述大跨度的历史对我们来说是一个挑战，因为我们要讲述的历史几乎横跨 3 个世纪，但这对评判近几十年来有关全球史、本地史、地区史的研究成果至关重要。遗憾的是，如今我们习惯于将世界史和本地史严格对立，认为这两种历史叙事是二元对立、不可调和的，但事实上，这种观点是完全不对的。毕竟，不同的历史研究法之间是相辅相成而非互相对立的，是帮助我们理解过去的两种互补的方式。以当代的眼光、用变化着的国家范围内的概念开展历史研究时，问题就显现了，因为这样的分析要素对应的实际上是另一种历史环境。

新的史学概念为理解西属美洲的本质和现象提供了新的思路。这里我们指的是那些"史学地理中心（eje geohistórico）"或"空间节点"的概念，它们可以很好地诠释每块美洲殖民地归属于西班牙王朝的过程。这些概念不仅出于国家的角度，也与生活在那个时代的人们的世界观和历史复杂性有关。我们发现，每个属地或地区都握有权力并享有一定的政治自治，这种自治不一定符合西班牙帝国政治"中心"的指示，这便体现了历史的复杂性。① 同样，还要考虑到，有关西班牙领地内存在的社会、经济和文化网络的研究在不断增多。这里的"网络"是一个分析概念，它和"史学地理中心"的概念一样，体现了美洲各属地本地精英的巨大权力和影响力，这些精英建立了以殖民地为中心、超越西班牙领地的社交网络，摆脱了法律和中央权力的控制。② "网络"的概念来自本地史，但它为我们分析更加广阔而宏大的历史进程提供了线索。本书将聚焦这一复杂而曲折的历史进程，既关心整体也关心个体，既着眼于宏观角度，也重视从微观角度的观察。

本书试着走近对西属美洲社会产生过影响的亚洲物质文化，深入探讨《太平洋》③一书中提出的一些问题。在《太平洋》一书中，我们揭示了西属美洲和亚洲之间的一些不为人知的贸易路线，探讨了西班牙在1680—1784年期间为抑制太平洋贸易对大西洋贸易产生的影响而采取的经济政策。《太平洋》的主题如此之广，必然带出一系列疑问。本书试着解答其中一些疑问，同时也希望能激起大家对《太平洋》一书中的假设进行更具批判性的审视。只有把政治地理环境当作出发点，才能了解中国如何对西属美洲的经济文化产生直接而有决定性

---

① Mazín y Ruiz Ibáñez, *Las Indias Occidentales*, 2012. 关于"史学地理轴线"的概念请参阅卡尔马尼亚尼的文章，详见："La organización", 2012, pp. 331-356.

② Ibarra y Valle Pavón（coords.）, *Redes sociales*, 2007；Yun Casalilla（ed.）, *Las redes del Imperio*, 2008.

③ Bonialian, *El Pacífico*, 2012.

的惊人影响。

明清时代的中国对西属美洲所产生的重要的经济影响尚不为人所知。在当时的欧洲，实行领土扩张、建立商业帝国和开展远距离贸易是国家之间主要的竞争机制。与欧洲的制度不同，明清时代的中国对海上扩张没有兴趣，相比远距离贸易，选择优先发展本地贸易和国内贸易。[①] 但是令人吃惊的一点是，虽然这一时期中国走的是以自我为中心的政治和经济发展道路，它的物质文化却得以输出并在西属美洲和欧洲发挥着重要的影响力。本文将研究这一全球性进程中西属美洲的情况，深入探讨亚洲商品的流通和消费产生的具体影响。关于这些商品在中国本土的生产和流通情况以及将这些商品从中国向美洲出口的贸易参与者的情况，则不是本书的研究范围。[②]

本书分为三个章节。三个章节有着共同的主题，因而得以集合成书。探讨种类多样的中国商品在西属美洲的不同市场之间如何流通以及中国商品的消费所产生的经济文化是本书的主要思路。本书将研究在中国商品输入美洲的过程中扮演重要角色的经济和政治要素、商品流通的市场，以及在殖民时期的大部分时间里，虽然立法部门一直在试图禁止这一贸易，这一贸易仍能继续开展的原因。这段历史鲜为人知，至少如今的人们没有太意识到这一点。这三部分涉及多个西属美洲殖民地：新西班牙、巴拿马、秘鲁、图库曼省和布宜诺斯艾利斯省（1776 年之后为拉普拉塔总督辖区）。本书对这一系列问题的探讨都在西班牙帝国的贸易活动框架内进行，力图展现大西洋贸易和太平洋贸易的经济要素之间紧张而又互补的关系。

第一章是"边缘的中心位：墨西哥与中国、西班牙和秘鲁之间的贸易模式"。之所以把这章放在开篇是因为它有助于全面理解本书的另外两章。第一章探讨中国商品的贸易在整个西属美洲殖民地的贸易框架的形成过程中扮演什么样的角色，剖析以新西班牙为中心、在整个美洲大陆运行的这种不为人知的贸易模式。在这种模式下，在菲律宾和阿卡普尔科港之间开展的中国商品的贸易发挥着举足轻重的作用。我们认为，亚洲商品的贸易非但没有被殖民地贸易

---

① Arrighi, "Estados", 2005, pp. 339-352.

② 有关海上流通的部分相关问题的研究见 Bonialian, *El Pacífico*, 2012.

边缘化，反而是促进官方贸易以及西班牙领地内普遍存在的非法贸易发展的关键动力。大西洋路线和太平洋路线的高度连接和整合形成了西属美洲的贸易网络，亚洲商品的贸易是这一网络的一部分。亚洲商品的贸易不应被视为西班牙对外贸易中的附属品或辅助品。它刺激了外界与新西班牙之间的大西洋贸易活动，也带动了新西班牙和秘鲁之间的贸易往来。从这个角度讲，它是发挥关键作用的主角。在这种贸易结构下隐藏着大规模的欧亚商品的贸易活动，商品从新西班牙经太平洋流向秘鲁。这一路线的实力之强大使其足以替代西班牙和波托韦洛之间的直接贸易路线，为秘鲁殖民地供应外国商品。在西班牙帝国领地内，这种贸易网络的存在和发展是必然的，因为它符合贸易公司的利益。不过这一贸易网络直到18世纪中叶都没被西班牙王室正式承认。

第二章是"中国丝绸在西属美洲的贸易路线"，介绍的是在西班牙殖民美洲的3个世纪里中国丝绸贸易所经历的漫长进程。这一路线始于菲律宾，经墨西哥、中美洲、厄瓜多尔、秘鲁，最终到达南美各地，如智利圣地亚哥、阿根廷布宜诺斯艾利斯。它对太平洋沿岸西属美洲产生了深刻影响，如本书第一章所述，它改变了该地区的贸易结构。通过分析，我们发现，丝绸之路是真正的商品流动平台，是太平洋港口和西属美洲内部市场之间贸易往来的润滑剂。但是，丝绸之路不是直观显现出来的，因为它没有得到制度的认可。它以中短距离贸易活动的形式展开，夹杂在同样以此方式进行的本地商品和国际商品的贸易活动中。丝绸之路的内在力量之强大使其得以跟上西班牙和美洲之间的跨大西洋贸易的节奏。本章的最后将探究这一贸易路线产生和发展的原因。其中，推动该贸易发展的消费者的类型是帮助我们理解贸易重要性的关键点。

最后一章是"18世纪科尔多瓦和布宜诺斯艾利斯物质文化中的中国物品"。本章围绕中国商品在西班牙帝国边缘地带所引发的经济文化现象进行探究。本章提出，亚洲物质文化不只存在于墨西哥和秘鲁。本章以严谨的文献资料为支撑证明，中国商品的经济影响力超越了区域边界、行政边界和政治边界，它覆盖整个美洲，甚至在我们所认为的"边缘"角落都能发现它的影响，如图库曼省和布宜诺斯艾利斯。18世纪中叶的利马被称为"北京交易会"，这不仅是因为亚洲商品在利马流通和消费，还因为这里的亚洲商品供应过剩，把利马变成了向本地区其他市场分销的中心，商品最终甚至被运往布宜诺斯艾利斯这样的大西洋港口。关于 18 世纪西班牙帝国经历的贸易变革，本章指出了有哪些不同的商品输入路线使消费亚洲丝绸和陶瓷成为可能，其中既有太平洋路线又有大西洋路线；同样，本章还指出参与亚洲商品运输和消费的社会群体。关于东方商品所经历的巨大变化，值得单独一章来介绍。不论是将西方的东西"东方化"还是将东方的东西"西方化"，商品贸易体现的都是一种全球化效应。

　　本书邀请大家以史学的不同侧面开展对话：如何尽数列举涉及如此广泛主题的史学著作？如何简明扼要地对贸易史、消费史、太平洋史、中国史、每个西属美洲殖民地的历史等进行丰富而饱满的史学概述？试图把所参考的这些著作的不同侧重点介绍一下对我们来说是不可能的。读者可以在本书结尾处查阅到丰富的参考文献，它们涉及不同的地理空间和主题。虽然难免有疏漏，我们还是斗胆列举一些对探讨本书主题起基础支撑作用的著作。我们参考的有关大西洋贸易史的重要作品有：莫里诺（Morineau），《难以置信》（Incroyables），1985 年；贝尔纳尔和马丁内斯（Bernal y Martínez），《筹资》（La financiación），1993 年；埃弗雷特（Everaert），《国际》（De internationale），1973 年；加西亚·巴奎罗（García Baquero），《加迪斯和大西洋》（Cádiz y el Atlántico），1976 年；加西亚·富恩特斯（García Fuentes）的两部作品，《贸易》（El Comercio），1980 年，以及《秘鲁人》（Los Peruleros），1997 年；还有沃克（Walker），《西班牙政治》（Política Española），1979 年。而有关太平洋史的作品，不仅关注中国和墨西哥之间的联系，也关注中国和秘鲁之间的联系，它们有：乔努（Chaunu），《菲律宾人》（Les Philippines），1960 年；舒尔茨（Schurz）的著名著作《马尼拉大帆船》（The Manila Galeon），1959 年；贝尔纳尔（Bernal），《行程》（"La Carrera"），2004 年；斯帕特（Spate），《西班牙湖》（El lago español），2006 年；博拉（Borah），《贸易和航运》（Comercio y navegación），1975 年；尤斯特（Yuste），《百货商店》（Emporios），2007 年；岩崎·考蒂（Iwasaki Cauti），《远东》（Extremo Oriente），1992 年；马拉默德（Malamud），《加迪斯和圣马洛》（Cádiz y Saint Maló），1986 年；纳瓦罗（Navarro），《贸易》（"El comercio"），1965 年。有关新西班牙经济史的作品有：博拉（Borah），《丝绸崛起》（Silk Raising），1943 年；霍伯曼（Hoberman），《墨西哥》（Mexico's），1991 年；罗曼诺（Romano），《时机》（Coyunturas），1993 年；卡玛格纳尼

（Carmagnani），《组织》（"La organización"），2012 年。有关秘鲁和布宜诺斯艾利斯殖民地经济史的作品有：塞斯佩德斯·德尔·卡斯蒂略（Céspedes del Castillo），《利马和布宜诺斯艾利斯》（*Lima y Buenos Aires*），1947 年；帕斯·索尔丹（Paz-Soldán），《法院》（*El Tribunal*），1956 年；塞斯佩德斯·德尔·卡斯蒂略（Céspedes del Castillo），《总督》（*Virreinato*），1955 年；阿萨杜里安（Assadourian），《系统》（*El Sistema*），1982 年；苏亚雷斯（Suárez），《挑战》（*Desafíos*），2001 年；罗曼·维莱纳（Lohman Villena），《海洋史》（*Historia Marítima*），1973 年；穆图基亚斯（Moutoukias），《走私》（*Contrabando*），1988 年；坦迪特（Tandeter），《波托西之轴》（"El eje Potosí"），1991 年。有关中国史的作品有：滨下（Hamashita），《中国》（*China*），2008 年；冯凌宇、史卫民，《中国文化掠影》，2001 年；因佩（Impey），《中国风》（*Chinoiserie*），1977 年。有关全球史的作品有：波美兰兹和托皮克（Pomeranz and Topik），《世界》（*The World*），2006 年；格鲁津斯基（Gruzinsky），《四方》（*Las Cuatro partes*），2010 年。最后，有关物质文化和消费史的作品有：史密斯（Smith），《研究》（*Investigación*），1958 年；鲍尔（Bauer），《货物》（*Goods*），2001 年；麦肯德里克、布鲁尔和普卢姆博（Mckendrick, Brewer and Plumb），《出生》（*The Birth*），1982 年；德弗里斯（De Vries），《革命》（*La Revolución*），2009 年；托拉斯和恽（Torras y Yun），《消费》（*Consumo*），1999 年；卡玛格纳尼（Carmagnani），《岛》（*Las islas*），2012 年；库列尔（Curiel），《因素》（"Consideraciones"），1992 年；波罗、阿斯特利兹和罗斯皮德（Porro, Astiz y Rospide），《外观》（*Aspectos*），1982 年。当然，与这些主题有关的其他史学成果不胜枚举。

这些重要著作体现了中国商品作为价值载体在西属美洲的物质文化中所发挥的深刻影响力。中国商品在西属美洲的广阔土地上产生了显著影响，这种影响超越了新西班牙总督辖区且不限于西班牙法定领地以内。接下来的问题是探讨中国商品为什么能产生如此广泛的影响，是什么原因使丝绸、陶瓷和其他亚洲商品超越了地域和行政上的局限实现了广泛的流通。另外，这些疑问也带出一系列值得讨论的其他疑问。第一，中国服装和其他东方商品是如何在西班牙的法律管制下从中国广东到达南美地区的遥远角落并在这里流通和消费的？第二，众所周知，经常有精美别致的欧洲商品以合法的方式从大西洋口岸登陆，那么，对消费充满异域风情的东方商品的渴望足以解释其在整个美洲大量流通的现象吗？第三，在当时，因为亚洲商品对由西属美洲大西洋沿岸输入的欧洲商品构成了强有力的竞争而导致大量投诉，我们应该不加批判地看待这些投诉吗？大西洋贸易和太平洋贸易两者由于满足的是不同消费市场的需求，它们之间是趋于互补的吗？下文将对这些疑问进行解答。

史学界普遍接受的一个观点是：通过阿卡普尔科港输入美洲的亚洲商品是面向殖民地社会精英阶层的奢侈品。其中，阿比·休·费希尔（Abby Sue Fisher）和库列尔（Curiel）的研究专注于新西班牙，桑山（Kuwayama）则关注的是中国陶瓷在秘鲁留下的印记，波罗（Porro）、阿斯蒂斯（Astiz）和罗斯皮德（Rospide）等人研究的是在布宜诺斯艾利斯地区流通的亚洲奢侈品，这些研究都为论证上述事实提供了依据。[①] 没有人会否认这一现象。在新西班牙和秘鲁，大户人家的遗嘱和财产清单证明了这一点。但是，如果我们满足于这种历史图景，那么我们所描绘的将是一幅不完整的、片面的画卷，难以了解在各洲之间所建立的联系背后存在着什么样的深层逻辑。如果我们把中国商品定义为精英阶层消费的商品且仅在西属美洲地理范围内消费，那么这种解读将会使我们远离一个非常重要的论题。如果认为精英阶层对中国商品的消费催生了本书所揭示的巨大的商品流通网络，不免有些冒险。

事实上，我们的中心假设和这种观点是相反的。中国与西属美洲的经济关系不应该是建立在寥寥可数的精英市场之上的，中国商品也不会只局限于奢侈品市场。亚洲商品在西印度洋的影响力及其对这个市场的拉动效应应该是非常强大的，强大到我们无法评估它的确切规模。西属美洲消费的大部分中国商品都与这里的大众消费文化有关，中国商品价格低廉、形制简单、质量适中，符合美洲本土的消费习惯，这些因素推动了亚洲商品消费文化的形成。中国商品有着广泛的消费群体，涵盖不同的社会阶层，上至特权阶层，下至中下等阶层，

---

① Abby Sue Fisher, "Trade Textiles", 2006, pp. 184-185；Curiel, "Consideraciones", 1992, pp. 127-160；Kuwayama, "Cerámica China", 2000-01, pp. 20-29；Porro, Astiz y Rospide, *Aspectos*, 2 vols., 1982. "亚洲商品是奢侈品"的普遍观点也见于欧洲史和世界史的相关研究中，请参阅：Gruzinsky, *Las cuatro partes*, 2010；Berg, "New commodities", 1999, pp. 63-87 Y McKendrick, Brewer and Plumb, *The Birth*, 1982.

无一不是中国商品的消费者。正因如此，中国和美洲之间的贸易才得以持续，由此可见它的重要意义。通过这一点我们得以重新思考不同的社会部门在生产、流通和消费实践中所扮演的角色。无论是在殖民社会还是现代社会，全球化进程都离不开这些实践的推动。如果本书能启发读者对这些议题的思考，我们将感到十分荣幸。

最后，有必要专门介绍一下写作本书时我们所查阅的资料和文献的类别、文献的主体结构和研究方法。本书的档案资料来源有：塞维利亚西印度群岛综合档案馆（AGI）、马德里国家历史档案馆（AHN）、（从其网站上获取了少量文件的）法国国家图书馆（BNF）、墨西哥国家综合档案馆（AGNM）、利马国家档案馆（ANL）、阿根廷科尔多瓦省历史档案馆（AHPC）、布宜诺斯艾利斯的阿根廷国家综合档案馆（AGN）。本书的参考资料既有官方的，也有非官方的。其中，总督回忆录、商人和（或）各级公务人员之间来往的信件、旅行日记、遗产清单或没收物品清单等资料是本书前两章的主要支撑文献。本书第三章是最长的一章，本章把财产清单作为历史研究的主要方法。遗嘱、嫁妆清单、遗产清单和贸易清单是科尔多瓦省档案馆和布宜诺斯艾利斯的阿根廷国家档案馆保存于"继承文书""公证书"和"协议"等类别下的档案资料。本书开篇将介绍为什么选取这些文献来探究亚洲商品在图库曼省和布宜诺斯艾利斯所产生的影响。

目录
CONTENTS

第一章

边缘的中心位：墨西哥与中国、西班牙和秘鲁之间的贸易模式

谁能数清你的财富？

谁能尽知你的商贾？

也许重要的是真理和信仰，而非细枝末节。

货物满仓的船队来而又往，

而你才是这一切的主人，

谁能说清它们价值几何？

在这里，中国与西班牙相遇，

意大利和日本共语，

整个世界贸易繁盛、井然有序。

——贝尔纳多·德·巴尔武埃纳（Bernardo de Balbuena）[1]

---

① 贝尔纳多·德·巴尔武埃纳：《墨西哥的伟大》。节选自《埃里菲尔斯丛林的黄金时代》，马德里，Ibarra 印刷，1821［1608］第五章，第 55 页。

第一节 墨西哥：西班牙帝国的贸易心脏

1604 年，贝尔纳多·德·巴尔武埃纳（1568—1627）写下《墨西哥的伟大》一诗。这首诗被视为开创拉美诗歌史的先驱诗歌之一。有感于新西班牙繁荣的经济活动，作者毫不吝啬地将墨西哥城视为世界大都市、西班牙帝国的大都市。凭借地理位置上的战略优势，墨西哥得以通过太平洋与中国来往，通过大西洋与欧洲来往，因此这里成了储存全球财富的中心。当代的很多历史学家认为，巴尔武埃纳所描绘的墨西哥处于中心地位的时代始于 17 世纪初。肖努（Chaunu）便是其中之一。他认为，维拉克鲁斯—墨西哥城—阿卡普尔科这条陆上路线在 16 世纪末才形成并用于人员、货物和贵金属的运输。[①] 肖努认为，从殖民时代早期开始，"卡斯蒂利亚路"（维拉克鲁斯—墨西哥城）和"中国路"（阿卡普尔科—墨西哥城）的存在为新西班牙的发展提供了可能，也正因如此，新西班牙的社会活动才得以发展。这两条路连接在一起，真正由东到西横贯新西班牙并将其与世界相连。[②] 同样值得一提的是，不久前，在讨论以"维拉克鲁斯—墨西哥城—阿卡普尔科"路线为基础的新西班牙的经济、社会和政治状况时，卡尔马尼亚尼（Carmagnani）提出了"史学地理中心"的概念。这虽然是一条缺乏制度基础的非官方的路线，却是在新西班牙存在的真实现象，它是西班牙王室与新西班牙当权者协商的产物，其中，隶属于墨西哥城商会的法院则代表新西班牙方面掌握贸易活动的实权。[③] "史学地理中心"的假设是帮助我们理解本书所研究的贸易路线的重要概念。

的确，巴尔武埃纳的优美诗歌所描述的画面将在本章充分体现。此外，本章也将结合上文所述的分析角度，为读者展现西班牙领地以及世界范围内的贸

---

① Chaunu, "Veracruz", 1960, pp. 521-557.

② 同① 521.

③ Carmagnani, "La organización", 2012, pp. 331-356.

易模式。这种模式的心脏地带为新西班牙，尤其是在墨西哥城。抛弃以"大西洋—伊比利亚半岛"为贸易轴线的思想，是我们理解东印度群岛所发生的一切的基础，只有这样才能理解这种贸易模式的性质和真正意义。本章介绍的贸易活动将新西班牙当作西班牙帝国的中心，它的中心地位很大程度上得益于"卡斯蒂利亚路"和"中国路"经济活动的繁盛。这种贸易模式存在于西班牙殖民美洲的大部分时期，和官方认可的"西印度之路"（Carrera de Indias）贸易制度并行，它们之间既相互补充又相互竞争。

几年前，我们曾分析过 1680—1740 年这一贸易网络的部分特点。[①] 在这方面，我们将深化已研究过的特点并探究新的特点，我们想强调的是，这种贸易模式的运作是长时间的，它存在于多个时期：1580—1640 年、1680—1740 年、1779—1784 年。本章将重点分析这三个时间段。同样，也有必要分析为何这种以墨西哥为中心的贸易体系在其他时间段（1640—1680 年和 1740—1779 年）是暂停运行的。研究这一贸易活动的"休眠期"将有利于我们了解这段大跨度、结构化、运作与暂停相互交错的宏大历程。为了使读者对本章内容有更清晰的认识，以下介绍一下时期的划分：

一、1580—1640 年：墨西哥与波托西银矿的繁盛

二、1640—1680 年：跨大西洋两极贸易体系的稳定

三、1680—1740 年：墨西哥与波托韦洛交易会的衰落

四、1740—1779 年：登记船只与合恩角的官方贸易

五、1779—1783 年：墨西哥与"自由贸易"下的合法贸易模式

其中，第一、三、五时期是以新西班牙为中心的贸易模式在运作。

在分析每个时期这种贸易模式运行的具体情况之前，我们首先应回答两个重要问题：为什么我们将这种贸易结构视为一种"模式"？哪些历史因素和结构化进程使该模式的存在和发展成为可能？

我们将这种结构视为模式是因为它体现了全球性且涉及的范围涵盖整个西班牙帝国。这是一个高度贯通的广泛的国际经济网络，它自身具有价值，使得

---

① Bonialian, "México", 2011, pp. 5-28.

这种贸易模式的经济和政治参与者对这一网络充分认可。西属美洲各殖民地之间以及各大洲之间的贸易路线看似相互独立、没有联系，实际上，如果用一种更宏大的视角来看，这些路线是一个"经济整体"，是一种互相交织的贸易网络。在这个网络里，墨西哥城作为贸易模式的中心与阿卡普尔科港、维拉克鲁斯港之间通过道路相连接。我们把上文划分的前两个时期所存在的贸易模式定义为半地下贸易，因为这两个时期的贸易是官方贸易与非法贸易的结合体。而最后一个时期——"自由贸易"时期，"阿卡普尔科—墨西哥城—维拉克鲁斯"路线上的贸易模式是完全合法的，得到了西班牙波旁王室的授权和推动。

那么，我们首先来研究这种贸易模式中的官方路线。墨西哥的两侧海岸都有跨洋贸易活动的开展，这些活动可能对西属美洲的贸易领域产生了很大的影响。两大跨洋贸易活动由大西洋的塞维利亚/加的斯—维拉克鲁斯路线和太平洋的菲律宾—阿卡普尔科路线组成，前者是"维拉克鲁斯船队"路线，后者是"马尼拉大帆船"路线。虽然受到法律和许可制度的限制，但是这些将西班牙、欧洲和亚洲等外国商品输入墨西哥的贸易路线却非常活跃且坚韧有力，在这些路线上运输的商品甚至一度"免于登记"，无视关税制度的存在。更确切地说，尽管是经西班牙王室授权的贸易活动，但在这些路线上商船的实际载货情况超过了相关法令的规定。

墨西哥作为西属美洲最重要的消费市场，与之有关的两大跨洋进口路线之间是互补关系还是竞争关系？对此，历史学上有非常固定的解读。对于这种解读，我们赞同的一点是，在谁更能赢得新西班牙消费者的青睐方面，太平洋路线和大西洋路线之间存在长期的竞争关系。[1] 历史学家在做出上述判断时最常借助的文献资料是塞维利亚和加的斯（1717）商会的报告以及（西）印度议会 [2] 实行的规范太平洋贸易（某些时候是禁止太平洋贸易）的经济政策。[3] 但是，这些资料可能只是西班牙船队商人 [4] 的一面之词，其他资料反映了另一种声音：

---

[1] 关于这一议题有大量研究可参考，如：Yuste, *Emporios*, 2007；Bernal, "La carrera", 2004, pp. 485-525；Bonialian, *El Pacífico*, 2012, pp. 175-198.

[2] 译者注：西文 Consejo de Indias，正式名称 Real y Supremo Consejo de Indias。

[3] Abreu, *Extracto*, 1977.

[4] 译者注：大西洋贸易路线的相关利益者。

中国商品流通和消费的盛景损害了欧洲商品贸易的利益。这些资料显示，贸易争端的焦点在于中国商品中的奢侈品，因为中国奢侈品在西属美洲的高端消费群体中占据优势。

我们认为在这个有限的消费市场内的确存在"冲突与竞争"，但是情况似乎比想象的更复杂一些。本书将论证太平洋贸易中最重要的商品之一——中国丝绸。总督、殖民地低级官员们留下的报告等官方文件以及商人的私人信件等揭示，欧洲商品质量更好、更精美，也更贵，而中国商品更便宜，适合穷人消费。与欧洲商品相比，中国商品造价低、贸易成本低，中国的布等纺织品的质量有好有坏，有不同的等级。我们可以认为亚洲布料是奢侈品，但实际上它的质量参差不齐，价格有别，各种社会群体都有能力购买。我们要解答的问题不是亚洲商品是否针对精英阶层，而是从 17 世纪下半叶开始，当欧洲的纺织品生产出现危机、精英阶层对纺织品的消费合法化时，以前只有上层社会才能消费的东西是否拥有了更广泛的消费群体。[①] 中国纺织品的消费不像欧洲商品那样只有特定社会阶层才能享受。

中国商品的上述特征为它在整个西属美洲的广泛消费奠定了基础，超越了新西班牙的空间界线。下文我们将论证，中国船[②] 所载货物的很大一部分是针对日常消费的，面对不同的社会阶层。而通过维拉克鲁斯登陆的西班牙船队带来的西方商品则比较昂贵，支撑的是新西班牙的奢侈品消费市场，与中国商品有很大不同。关于中国商品和欧洲商品之间是竞争还是互补，我们的回答是，两者并行，同时活跃，相互补充，满足了不同的消费需求。亚洲商品的消费群体更广泛，欧洲商品的消费群体局限于西班牙人，这是本章的中心论点。

首先我们看一下该贸易模式的核心原理。其中，亚洲商品和欧洲商品的互补性比竞争性更明显，也更重要。两大贸易活动突破了法律规定的限制，推动了"非登记"（即走私）贸易活动的开展，最终导致新西班牙市场上的商品供应过量，超过了自身的消费能力，贸易代理商没有多余的资金用来买卖货物。但很多情况下，商品的过量供应是自发行动，也是被在美洲的西班牙商人以及在

---

① Carmagnani, *Las islas*, 2012, pp. 122-138.

② 译者注：西文 la nao de China，菲律宾—墨西哥贸易中运输商品的航船的名字。

墨西哥商会登记过的墨西哥城的大商人支持的行动。后文我们将探究这一实践背后的真正利益。目前最重要的是认识到欧洲商品和亚洲商品的过量供应引发了一种独特的现象：街头的商店里供精英和大众消费的进口商品过多，加上新西班牙内部缺乏流动资金，导致商品价格下跌的趋势经常出现，很多商人的仓库里都储存了滞销的商品。

当外国商品的供给超过了墨西哥的需求（缺少足够的流动资金用于购买商品）时，墨西哥开始寻求第三条路线，即墨西哥太平洋海岸与秘鲁港口之间的殖民地内部路线，这一路线在 1604 年以后成为非法贸易路线。得益于利马的船只经太平洋到达了新西班牙总督辖区的西部沿岸（尤其是阿卡普尔科），墨西哥进口的大量西班牙商品、欧洲商品、亚洲商品得以被运往厄瓜多尔、秘鲁、智利的不同港口。秘鲁的船只之所以载着白银和其他待售的商品前往新西班牙总督区，并不只是瞄准中国船到达后阿卡普尔科交易会上出售的中国商品，而是为了从墨西哥"仓库主"[①]那里以真正实惠的价格买到来自各国的商品，既包括亚洲的，也包括欧洲的，被仓库主储存起来的货物通常是在满足了新西班牙内部消费市场的需求之后剩余的商品。秘鲁的船只不去官方规定的贸易中心——波托韦洛进行交易，反而把钱用来到新西班牙购买商品，在每个阶段都有其特定的原因。但各个时期的共同原因是，外国商品供应不足，无法满足秘鲁总督辖区内普通大众和精英的消费需求，而经过内陆省[②]前往其他地区进行贸易的路线成本高；相反，经太平洋航行的贸易路线成本低，而且有可能获得其他路线上买不到的东方商品。

关于在新西班牙流通的亚洲商品和欧洲商品的价格浮动情况有必要做一个简短介绍。很明显，亚洲商品和欧洲商品的过量输入超过了内部市场可以消化的水平，最终引起了商品价格的下跌。但是，还有可能是新西班牙用于贸易的白银或货币的不足导致了商品价格的下跌。因此，我们认为，为了能够维持贸易的运作，新西班牙试着获得相对足够的流通货币，无论货币来自新西班牙内部还是外部。另外，新西班牙商人购买大西洋船队带来的商品时速度慢，进一

---

① 译者注：西文 almacenero，指囤积大量外国商品的商人，尤其指墨西哥城的大商人。

② 译者注：西文 Tierra Firme，西班牙殖民美洲时期对南美北部沿海地区和中美加勒比海岸的称呼，非严格的政治概念。

步造成了商品价格的下跌。因为西班牙船队为了降低贸易成本不得不缩短在新西班牙的停留时间并处理掉带来的商品。

不论是哪种因素造成了价格的下跌，当墨西哥城商人所进口的商品的价格下跌时，秘鲁商人就会出现在太平洋沿岸来购买这些商品。如上文所述，秘鲁人用白银（银币、银条、银锭）、瓜亚基尔的可可豆、万卡韦利卡的水银、其他地方的红酒和油与仓库主进行商品交换。向秘鲁输入西班牙商品、欧洲商品和亚洲商品的过程是被新西班牙商人和当局严格监视的。但是，如果从新西班牙向秘鲁出口过多的外国商品，会造成新西班牙总督辖区出现商品短缺，这时候有的商人再把囤积的货物拿出来以更高的价格出售，获利更丰。与此同时，他们还通过制度化的手段举报秘鲁商人在新西班牙进行违法贸易。这样，秘鲁人不得不等新西班牙的外国商品供应充足时再重新交易。简而言之，新西班牙商人只要操纵着商品的供求关系，掌控商品的饱和—短缺局面，带动商品价格的浮动，就总能使西班牙领地内复杂的贸易活动继续运作。

截止到这里我们已经从进口和消费的层面分析了这种贸易模式的大致框架，但我们只看到了事物的一面。为了全面地了解西属美洲贸易网络的运作情况，我们还要关注商品的出口，即新西班牙白银和秘鲁白银向外输出的路线。下文对贸易的不同阶段进行具体分析时，我们将会就此进行细致的探讨。但是整体来说，不管是银币、银锭还是银条，通过太平洋到达新西班牙总督辖区的秘鲁白银基本上都在新西班牙西海岸被用于交换外国商品，它们先是到了新西班牙商人的手中，然后和墨西哥白银一起通过两条可能的路线进行流通：一是通过从维拉克鲁斯起航的船队流向西班牙；二是通过马尼拉大帆船被运往菲律宾和中国。可以这么认为，1740年以前存在的秘鲁白银的官方流动路线——"卡亚俄—波托韦洛—西班牙"轴线将受到"经太平洋被运往新西班牙"的白银输出路线的严重影响；其中，后者是为了满足秘鲁市场的消费需求而将秘鲁白银用于换取新西班牙的欧洲商品。

秘鲁白银通过太平洋到达新西班牙，然后一部分经维拉克鲁斯被运往西班牙、一部分经阿卡普尔科被运往中国。这一活动在该贸易模式的第一阶段（1580—1640）比另外两个阶段更为繁盛。这种现象与波托西白银产量的显著增加和新西班牙对白银的需求有关。新西班牙在被殖民早期没有足够的白银用于商品交换。在 1680—1740 年间，这种情况出现了变化。由于秘鲁银矿生产停滞，新西班牙在 18 世纪初加强了自身的白银开采。在这种背景下，秘鲁人将大量的瓜亚基尔可可豆和万卡韦利卡的水银出口到新西班牙，从新西班牙进口外国商品。但这并不代表秘鲁白银不再向新西班牙的太平洋沿岸出口，秘鲁向外界出口的商品反而更加多样化了。也就是说，我们研究的这一贸易模式的运作不总是需要白银，也可以通过物物交换实现，因而西属美洲不必非得通过货币才能开展贸易活动。

基于上述思考，接下来分析一下贸易的具体过程和参与者，是它们为三个阶段下这种贸易模式的发展赋予了生命力。

第二节　墨西哥与波托西银矿的繁盛（1580—1640）

新西班牙和菲律宾之间的贸易活动是定期开展的，这一路线被称为马尼拉大帆船路线，正式开始的时间是 1573 年。为了向东方商品的输入敞开大门，短短几年后——1579 年 4 月 14 日，西班牙王室授权菲律宾和新西班牙、危地马拉、内陆省和秘鲁之间开展直接自由贸易。这是由丰富的商品和白银构成的贸易舞台，引起了西印度群岛的商人们的极大兴趣。很快，菲律宾、新西班牙和秘鲁组成的三角贸易活动繁荣发展，对西班牙在大西洋上"新兴的"海上贸易造成了打击。西班牙王室和塞维利亚商人发现，太平洋一侧的自由贸易至少导致了两大问题：其一，波托西白银流向太平洋贸易有损波托韦洛贸易中心的官方地位；其二，在美洲市场上，中国商品逐渐代替了欧洲商品。

由于意识到贸易初期阶段造成的这些不利影响，西班牙当局立即颁布了限制性的贸易政策遏制太平洋沿岸的贸易。1582 年，在菲律宾与整个西属美洲之间所实行的令人吃惊而又脱离时代的自由贸易政策颁布仅仅 5 年之后，费利佩二世发布了一项法令，禁止菲律宾和秘鲁之间开展直接贸易，而且中国船运往阿卡普尔科的中国商品也禁止向南美地区再出口①。由于该法令未能实际执行，因此，王室分别在1591年、1593年和1604年多次重申禁令。② 其中，1604年的法令规定，给仍在秘鲁流通和消费的中国商品留出两年的消化时间。③ 从当局授权美洲和菲律宾开展自由贸易的1579年到最终禁止秘鲁与远东进行任何贸易往来的1604年，这25年间，利马的贸易精英系统地投资了大量白银用于购买中国商品。白银在当时是亚洲最受青睐的支付货币，这一时期波托西白银生产的繁盛使秘鲁人成为推动洲际太平洋贸易的主要动力之一，这一贸易既可以通过阿卡普尔科实现，也可以通过美洲和菲律宾以及中国广东之间的直航实现。

秘鲁白银的流动有多条路线，遍布西班牙领地内的每个角落。汞合金技术的使用促进了波托西白银生产的惊人增长，加上秘鲁本地对外国商品的巨大需求，富裕的秘鲁人决定离开本地，开辟多条贸易路线（既有非法的也有合法的，由太平洋路线和大西洋路线相互串联），让自己成为贸易的主角。加西亚·富恩特斯（García Fuentes）指出，1580年至1630年之间，为了直接在塞维利亚购买欧洲商品，秘鲁人带着白银从内陆省出发前往西班牙。秘鲁人以这种方式跳过塞维利亚发货人这一中间环节，对控制着波托韦洛和西班牙之间的贸易路线的塞维利亚商人的利益构成威胁。④ 另外，岩破·考蒂（Iwasaki Cauti）的研究表明，利马商人在这几十年间开辟了到达中国的直达航线，避开了阿卡普尔科港这座贸易中心港。通过1583年的"德拉新塔圣母"号（Nuestra Señora de La Cinta）的例子，我们发现，秘鲁人的航线上运输了大量的白银和东方商品。⑤

1620年，葡萄牙商人佩德罗·莱昂·德·波托卡雷罗（Pedro León de Portocarrero）写下的《见闻》（Descripción）对秘鲁的经济情况做了大量记载。他写到，利马的中心大街，即"商人大街"，"至少有40家商店，各种商品琳琅满目，仿佛整个世界的财富都在这里"。这些商店归利马的大商人所有，"这些商人从西班牙和新西班牙采购商品，有的人还和中国有直接的贸易往来活

---

① AGI, Filipinas, 6, s/n fs.

② AGN, Reales Cédulas Duplicados, volumen 180, legajo 3, N° 55 y N° 17, fs. 6-6v.

③ AGI, Filipinas, 1, N° 66, fs. 4-23.

④ García Fuentes, *Los peruleros*, 1997.

⑤ Iwasaki Cauti, *Extremo Oriente*, 1992.

动"。① 在这种繁盛的贸易活动中，秘鲁人实践着波托卡雷罗所描述的第二条路线。这条路线正是我们感兴趣的，也是理解我们正在研究的贸易网络的关键部分：秘鲁与阿卡普尔科之间的航线。

一些知名著作对利马商人和收货人如何在阿卡普尔科买到马尼拉大帆船运来的东方商品进行了研究。② 我们将提供更多资料来证明这一事实。如果把秘鲁商人进行的这一独特的贸易活动视为阿卡普尔科—菲律宾贸易的延伸，将会是一种片面的解读。我们的目的是探索官方贸易之外的另一种贸易模式，这一探索必须基于一个前提，即秘鲁船只通过太平洋到达墨西哥是带着双重目的的：获取面向穷人的、便宜的中国商品，同时也获取面向对消费市场有更高要求的西班牙商品和欧洲商品。为此，我们首先应该考虑的是，在这一阶段被运往秘鲁的中国商品是什么类型的，这样才能大致了解秘鲁人如何在新西班牙参与欧洲商品的贸易。

毫无疑问的是，对这种贸易转向最为漠视的一个群体是巴拿马的皇家官员们。作为波托韦洛官方贸易的守护者，他们毫无保留地举报通过太平洋开展的贸易活动。1591 年，他们曾控诉：

……到达秘鲁和西班牙其他属地的中国商品极大地损害了王室的利益。因为他们不卖其他商品，专门卖丝绸，价格极其便宜，损害了西班牙船队带来的商品的声誉，使后者的价格下跌……穷人的确会穿中国丝绸，因为它们比西班牙服装便宜，虽然它们的质量不如后者。③

1610 年，新西班牙总督——"年轻的"路易斯·德·贝拉斯科（Luis de Velasco）在给（西）印度议会的信中也提到，运往新西班牙和秘鲁的中国服装

---

① *"Descripción general del reino del Perú, en particular de Lima"*, bnf, Manuscritos, *Espagnol 280*, Nº 5057, fs. 80-81.

② 相关研究有很多，其中最著名的有：Schurz, *"Mexico, Peru"*, 1918, pp. 389-402. Borah, *Comercio y Navegación*, 1975. Ramos, *Minería y Comercio*, 1970. Jara, *"Las conexiones"*, 2000, pp. 35-69. Suárez, *Comercio y Fraude*, 1995. Valle Pavón, *"Los mercaderes"*, 2005, pp. 213-240. Flores, *"El Secreto"*, 1995, pp.377-409.

③ AGI, Panamá, 33, Nº 146, f. 3.

价格低，对新西班牙劳动市场的发展产生了巨大的阻力。

……麻布等材料制成的中国服装对新西班牙和秘鲁的劳动者和穷人来说很合适，它们虽然价格便宜，却和那些一起进口过来的价格是它们的三倍的衣服一样好穿。同样，还有一些丝绸是各种人群都在消费或赖以营生的，西班牙人、印第安人、穷苦的女人们和男人们，如果不能靠丝绸买卖来糊口，怕是会饿死。[1]

可以说，亚洲商品贸易的高利润有两个原因：第一，价格因素；第二，秘鲁提供了广阔的大众消费市场。这里值得一提的是伍德罗·博拉（Woodrow Borah）的研究。1594 年，秘鲁总督乌尔塔多·德·门多萨（Hurtado de Mendoza）对从新西班牙运来的中国纺织品在秘鲁的泛滥丝毫不感到吃惊，并举例说明了人们对它的日常消费情况：

……一个男人只需花 200 雷亚尔（25 比索）就能让他的妻子穿上中国丝绸的衣服，但是就算花 200 比索也无法让他的妻子穿上西班牙丝绸的衣服。[2]

自 1604 年颁布禁令以来，在秘鲁经常发生中国商品被没收的情况。法律规定，应将被没收的中国商品转送至商会（Casa de Contratación）。但实际的做法是，对销售者进行罚款，然后将商品便宜处理以便再次出售。[3]中国商品价格低，受到了穷人的广泛青睐。1610 年，时任巴拿马法院院长巴尔韦德·德·梅尔卡多（Valverde de Mercado）觉察到，秘鲁的每个港口和角落都有中国商品的身影：

……利马等地的商店里充斥着中国商品。在二月份，一些商船来到这里，堂而皇之地在各个港口卸下中国货物，然后分销到基多（Quito）、波帕扬省

---

① AGI, México, 27, N.66, f. 7.

② Borah, *Comercio y Navegación*, 1975, p. 122. Véase también: AGI, *Lima*, 33, f. 43.

③ AGI, Panamá, 16, R. 8, Nº 91, fs. 9-11.

（Popayán）、亚古阿尔松哥（Yagualsongo）、皮乌拉（Piura）、萨尼亚（zaña）和特鲁希略（Trujillo）。[①]

巴尔韦德指出了中国商品在秘鲁市场的泛滥，但是这种情况早已尽人皆知。他在给（西）印度议会的报告中揭露了一个重要信息：

……板上钉钉的是，那些从墨西哥买入商品的商人如果不把一半的资金用在中国商品上就难以保障投资的盈利性。他们用在购买中国商品上的资金逐渐增加，最终超过了在购买西班牙船队带来的商品上所花费的资金。[②]

巴尔韦德的判断再清楚不过了。从阿卡普尔科运往秘鲁的货物不只是中国商品，也包括从维拉克鲁斯进入墨西哥的欧洲商品。到达秘鲁的船只所装载的货物实际上可以明确分为中国商品和西班牙（或欧洲）商品两类。而且，如果深入地分析巴尔韦德的判断，我们发现，秘鲁商人来墨西哥的主要目标是西班牙或欧洲商品，而投资中国商品是为了抵消贸易成本。就这样，经太平洋从墨西哥向秘鲁运送商品为那些购买被维拉克鲁斯船队带到墨西哥的欧洲商品的商人带来了收益。在递交这封重要信件之前的 1607 年，巴尔韦德向（西）印度议会提议切断新西班牙和秘鲁之间的贸易：

……墨西哥应该满足于自身的消费情况，因为贸易一旦被真正限制，秘鲁人可能重新走上常规的有利润保障的贸易道路。[③]

巴尔韦德所说的"真正限制"秘鲁和墨西哥之间的贸易指的是切实实施王室在太平洋贸易和大西洋贸易方面颁布的法律规定。由此可见，秘鲁和墨西哥之间存在贸易往来的根本原因在于：新西班牙进口了过量的中国商品、欧洲商品和西班牙商品。当进口的货物超过自身需求时，墨西哥便成了美洲大陆的分

[①] AGI, Panamá, 16, R. 2, N⁰ 23, f. 11.

[②] AGI, Panamá, 16, R. 2, N⁰ 23, f. 14.

[③] AGI, Panamá, 15, R. 8, N⁰ 87, f.1.

销中心，秘鲁人不仅到达墨西哥西部的港口，还深入内陆寻找价格合适的商品。

时间回到 1589 年。墨西哥城议会致信维亚曼里克侯爵——曼里克·德·苏尼加（Manrique de Zuñiga）总督。信中表示，一群利马商人来新西班牙购买了大量西班牙船队带来的货物。这种事情在近几年来时有发生，从该贸易被授权运行（1579）开始就一直存在。但是，直到 1589 年墨西哥城议会发出投诉时，才真正引起墨西哥官方的重视。因为在当时，秘鲁人在新西班牙的出现加大了对欧洲商品的需求，使墨西哥城的"仓库主"在确定商品的价格方面处于不利地位。[1] 虽然 1582 年西班牙王室禁止了秘鲁和墨西哥之间的贸易，但是，秘鲁船只仍然在阿卡普尔科和新西班牙西部其他小型港口靠岸，南美商人和货主经常参与其中。根据瓦列·德·帕冯（Valle de Pavón）的研究，秘鲁总督加西亚·乌尔塔多·德·蒙多萨指出，从 1593 年到 1594 年第一季度，"有十几只秘鲁商船前往墨西哥，它们带走了大量秘鲁白银"[2]。

但是，我们不应该认为商船前往新西班牙这一违法行为就是让墨西哥城的商人发出抗议的原因。事实上，只要新西班牙总督区的商品有富余，新西班牙当局和商人们是支持秘鲁人来新西班牙的。这些人一直以来都持有这种立场。1606 年，墨西哥城商会成功取得议会的支持，撤销了 1604 年颁布的关于禁止买卖秘鲁白银的法令。新西班牙商会认为，白银是秘鲁人用于交换欧洲商品的唯一商品，而且由于大量秘鲁白银经船队运往西班牙，西班牙是可以从中受益的。[3] 墨西哥城商会向（西）印度议会表示，虽然秘鲁白银的运输路线是未被许可的，但白银最终还是到了墨西哥船队那里，然后再从维拉克鲁斯运往欧洲。下文将介绍白银流动的路线，现在先讨论墨西哥城商会为何产生了希望秘鲁白银流入的诉求。事实上，该商会之所以这样要求是因为墨西哥市场有过量中国服装，而秘鲁总督辖区恰恰需要它。

其中，有一份官方文件详细说明了这一议题。这份文件是 1607 年 3 月 9 日的王室敕令。西班牙王室指出，过去 3 年，新西班牙总督辖区和秘鲁总督辖区的贸易活动虽然是被禁止的，但实际上，由于该活动自身的特殊性，秘鲁仍

---

[1] Navarro, "El Comercio interamericano", 1965, p. 19.

[2] Valle Pavón, "Los mercaderes", 2005, p. 227.

[3] Hoberman, *Mexico's merchant*, 1991, pp. 216-219.

然依附于墨西哥开展其贸易活动：

> ……我多次听说，很多秘鲁船只载着商品前往新西班牙市场，返航时载回另一些中国商品，这使得中国商品充斥着秘鲁总督辖区，而那些内陆省的船队带来的商品则没有销路，船队的运行难以为继。[1]

这表明，王室对贸易的实际情况非常了解，但是禁令没有任何效果，威慑不了这一贸易活动的参与者们。下文的相关研究指出，推动这一贸易路线发展的参与者很多都是很有钱的商人，且在商会中任职、在西班牙帝国中手握重权。我们发现，墨西哥市场由于商品泛滥，得以向秘鲁再出口，因此对西班牙"西印度之路"上的两极贸易体系形成了挑战，这种两极贸易体系指的是由维拉克鲁斯和内陆省出发的船队与西班牙港口之间开展的贸易活动。关于这一点，我们可以引用肖努提出的一个重要信息。1609年，在上述敕令颁发两年之后，墨西哥市场再次充斥着外国商品，塞维利亚商人投资了西班牙和墨西哥之间的船队，船队首领是古铁雷斯·加里贝（Gutiérrez Garibay）将军。但商人们感到遗憾的是：

> ……由于秘鲁的原因，阿卡普尔科的贸易大门正在关闭，之前阿卡普尔科的商品消费量很大，现在却远低于正常水平。[2]

同一年，墨西哥总督贝拉斯科也提出了类似的看法："船队离开后，一切都很安静，因为今年秘鲁船队没有来，秘鲁商人也没有来。"[3] 肖努提到的信息以及墨西哥总督的看法对理解墨西哥和秘鲁之间的贸易情况是非常重要的。这说明，塞维利亚船队商人对墨西哥和秘鲁之间的二次贸易是知晓的，同时也进一步表明了塞维利亚船队商人在维拉克鲁斯与西班牙之间的船队的投入很大，对波托韦洛和西班牙之间的贸易则不够重视。之所以出现这种局面，与墨西哥在大西洋贸易舞台上的中心地位不无联系。那么，塞维利亚船队商人是否对不

---

[1] AGN, Reales Cédulas Duplicado, volumen 80, Nº 88, s/n fs.

[2] Chaunu, *Seville et Atlantique*, 1955-59, t. V, pp. 291-292.

[3] AGI, México, 27, N. 66, f. 6.

能和秘鲁人开展直接贸易而感到遗憾？此外，由于秘鲁人得以进入新西班牙市场，塞维利亚船队商人和墨西哥城仓库主之间的贸易活动也因此减少了。毫无疑问的是，只有墨西哥城仓库主才能决定什么时候让商品在墨西哥内部流通以及什么时候将其出口到秘鲁市场。

这一切都表明，外国商品从新西班牙流向秘鲁的事实在 1634 年之前一直存在。1634 年有新的王室敕令颁布，禁止新西班牙和秘鲁之间进行任何形式的贸易往来。我们说过，1604 年的法令禁止从阿卡普尔科向秘鲁运送中国和欧洲商品，但是每年允许 3 艘船运送本地商品。1609 年，改成允许两艘载重 200 吨的船进行运输，允许向阿卡普尔科运送价值 20 万杜卡多 [①] 的白银（约 30 万比索）。1620 年，迫于塞维利亚商人的压力，许可再次发生变化：只允许一艘载重 200 吨的船从阿卡普尔科直接抵达卡亚俄，航程中没有中转或停靠其他港口。该法令规定，返航行程也完全一样，只能运送价值 20 万杜卡多的白银。[②]1604—1634 年期间所颁布的法规的灵活度越来越小，但西班牙商品、欧洲商品、中国商品还是可以以隐蔽的方式进行运输，甚至还稍加改装后冠以新的产地。[③]

要想详细探究非法的地下贸易并非易事，但是有一例个案值得了解。"圣地亚哥"号秘鲁商船在 1617—1618 年来往于卡亚俄和阿卡普尔科之间，它为墨西哥带来了大量秘鲁白银，因此得到了官方的认可。下文将会介绍秘鲁白银经太平洋到达墨西哥的路线。现在我们先来探究 1618 年 12 月 10 日由阿卡普尔科运往利马的大量西班牙商品和中国商品的重量、价值和贸易的参与者。（见表 1-1）

表 1-1 "圣地亚哥"号从阿卡普尔科到利马货物清单（大副赫罗尼莫·洛佩斯·巴卡拉尔，Jerónimo López Bacalar，1618 年 12 月 10 日）

寄货人	收货人	商品及价值
胡安·莱亚尔·帕洛米诺（Juan Leal Palomino）的登记：		7 批：71 盒，57 包 和 1 屉 72 200 比索

---

① 译者注：杜卡多（ducado）是一种曾用于奥匈帝国的金币名。

② AGN, Reales Cédulas, volumen 1, expediente 120, fs. 225-226. Escalona, *Gazophilacium*, 1775, pp. 178-179.

③ Grau y Monfalcón, *Justificación*, 1640, pp. 75-85.

续表

寄货人	收货人	商品及价值
克莱门特·巴尔德斯（Clemente Valdéz，墨西哥居民）	胡安·德·乌鲁蒂亚（Juan de Urrutia），尼古拉斯·德·卡巴拉（Nicolás de Cabala），安东尼奥·德尔·坎波（Antonio del Campo），安东尼奥·德·帕斯（Antonio de Paz，利马居民）	27盒
	胡安·莱亚尔·帕洛米诺（Juan Leal Palomino），弗朗西斯科·德尔·帕德隆（Francisco del Padrón），胡安·加利亚多（Juan Gallardo，利马居民）	4包和6盒
	胡安·德·乌鲁蒂亚（Juan de Urrutia），尼古拉斯·德·卡巴拉（Nicolás de Cabala），安东尼奥·德尔·坎波（Antonio del Campo），安东尼奥·德·帕斯（Antonio de Paz，利马居民）	34盒
胡安·莱亚尔·帕洛米诺（Juan Leal Palomino）胡安·德·索特略船长（Juan de Sotello）	弗朗西斯科·德尔·帕德隆（Francisco del Padrón），弗朗西斯科·努涅斯（Francisco Núñez，利马居民）	53包
佩德罗·德·韦加·萨缅托（Pedro de Vega Sarmiento）	卡塔丽娜·萨米恩托女士（Doña Catalina Sarmiento）	1屉
胡安·莱亚尔·帕洛米诺（Juan Leal Palomino）	赫罗尼莫·戈麦斯·巴卡（Jerónimo Gómez Baca），胡安·德·索特略（Juan de Sotello）	2盒
赫罗尼莫·卡拉（Jerónimo Calar，墨西哥居民）	弗朗西斯科·弗洛雷斯（Francisco Flores，利马居民）	2盒
费尔南多·布拉沃·拉古纳（Fernando Bravo Laguna）的登记		7批：94盒，3箱和3包 66 430比索
佩德罗·德·拉巴雷拉（Pedro de Labarrera，墨西哥居民）	费尔南多·布拉沃·拉古纳（Fernando Bravo Laguna），安东尼奥·德·奥雷那（Antonio de Orena），和尼古拉斯·弗朗西斯科（Nicolás Francisco，利马居民）	28盒

续表

寄货人	收货人	商品及价值
布拉斯·赫罗尼莫（Blas Gerónimo，墨西哥居民）	费尔南多·布拉沃·拉古纳（Fernando Bravo Laguna），胡安·德·拉富恩特（Juan de Lafuente），路易斯·德·拉巴雷拉（Luis de Labarrera，利马居民）	10 盒
加西亚·佩雷斯·德·萨拉斯（García Pérez de Salas，船长，墨西哥居民）	费尔南多·布拉沃·拉古纳（Fernando Bravo Laguna），安东尼奥·德·奥雷那（Antonio de Orena）和尼古拉斯·弗朗西斯科（Nicolás Francisco，利马居民）	15 盒
洛佩斯·德·索利亚（López de Soria，墨西哥居民）	费尔南多·布拉沃·拉古纳（Fernando Bravo Laguna）和安东尼奥·德·奥雷那（Antonio de Orena，利马居民）	10 盒
费尔南多·布拉沃·拉古纳（Fernando Bravo Laguna）	德·拉富恩特·阿尔蒙特（De la Fuente Almonte）和路易斯·德·卡布雷拉（Luis de Cabrera，利马居民）	28 盒和 3 包
	德·拉富恩特·阿尔蒙特（De la Fuente Almonte）和路易斯·德·卡布雷拉（Luis de Cabrera，利马居民）	3 盒
	胡安·德·拉富恩特·阿尔蒙特（Juan de La Fuente Almonte）和路易斯·德·卡布雷拉（Luis de Cabrera，利马居民）	3 盒和 3 箱
胡安·卡罗（Juan Caro）的登记		1 批 1 715 比索
胡安·卡罗（Juan Caro）	费尔南多·布拉沃·拉古纳（Fernando Bravo Laguna，利马居民）	3 盒
加斯帕尔·德·立图阿纳（Gaspar de Lituana，阿卡普尔科居民）的登记		2 批 7 盒 7 843 比索
弗朗西斯科·德·梅迪纳（Francisco de Medina，墨西哥居民）	尼古拉斯·德·卡巴拉（Nicolás de Cabala）和弗朗西斯科·德·罗斯奥利沃斯（Francisco de los Olivos，利马居民）	2 盒
巴尔塔萨·德·罗斯里奥斯（Baltazar de los Ríos，墨西哥居民）	尼古拉斯·德·卡巴拉（Nicolás de Cabala），弗朗西斯科·拉米雷斯·德·罗斯奥利沃斯（Francisco Ramírez de los Olivos）和安东尼奥·科雷亚（Antonio Correa，利马居民）	5 盒

续表

寄货人	收货人	商品及价值
多明戈·德·坎波斯（Domingo de Campos）和尼古拉斯·德·托雷斯（Nicolás de Torres）	胡安·德·拉富恩特（Juan de La Fuente）和阿尔蒙特（Almonte，利马居民）	3 盒，2 皮箱 2 654 比索
尼古拉斯·哈科梅（Nicolás Jacome，领航员）	胡安·包蒂斯塔·巴拉萨（Juan Bautista Barraza）和多明戈·马丁·德·利诺斯（Domingo Martín de Linos，松索纳特居民）	2 540 比索
胡安·德·索特略（Juan de Sotello，船长）	弗朗西斯科·努涅斯（Francisco Nuñez），帕洛米诺（Palomino）和胡安·罗德里格斯·德尔·帕德隆（Juan Rodríguez del Padrón）	19 062 比索
阿古斯丁·德·丰塞卡（Agustín de Fonseca，阿卡普尔科居民）的登记		2 批 23 盒 33 281 比索
托马斯·德·阿吉雷（Tomás de Aguirre，墨西哥居民）	尼古拉斯·德·卡巴拉和乌鲁蒂亚（Nicolás de Cabala y Urrutia，利马居民）	20 盒
胡安·德尤尔（Juan Deyuar，墨西哥居民）	尼古拉斯·德·卡巴拉和乌鲁蒂亚（Nicolás de Cabala y Urrutia，利马居民）	3 盒
佩德罗·德·拉莱格拉（Pedro de Larreguera，阿卡普尔科居民）的登记		2 批 44 盒，8 包 25 353 比索
弗朗西斯科·德尤尔（Juan Deyuar）弗朗西斯科·维拉斯开兹·莫雷诺（Francisco Velázquez Moreno，墨西哥居民）	胡安·德·乌鲁蒂亚（Juan de Urrutia）和弗朗西斯科·罗德里格斯·帕德隆（Francisco Rodríguez Padrón，利马居民）	3 盒，3 包
加西亚（García，墨西哥居民）	弗朗西斯科·罗德里格斯·德·罗斯奥尔莫斯（Francisco Rodríguez de los Olmos）和弗朗西斯科·罗德里格斯·帕德隆（Francisco Rodríguez Padrón，利马居民）	41 盒（13 盒衣服，28 盒蜡）和 8 包

续表

寄货人	收货人	商品及价值
桑托鲁姆·德·奥莱亚（Santorum de Olea，阿卡普尔科居民）和安东尼奥·德雷吉尔（Antonio Derrejil，墨西哥居民）	多明戈·德·奥莱亚（Domingo de Olea，利马居民）	3 包，1 箱 150 比索

来源：AGI, México, 29, N. 21, fs. 24-30.

这批货物的总价值为 231 228 比索。遗憾的是，该文档并未显示所运商品的种类，关于它的来源地只泛泛地提到"西班牙商品和中国商品"。[①] 值得探究的是该贸易的参与者是谁。在了解了这些人的背景之后，我们发现，有影响力的新西班牙商人和秘鲁商人把各自的商会当作机制上的盾牌，形成了极其强大的贸易网络。在大多数情况下，新西班牙商人将货物从本地发出，秘鲁商人只需在利马收货，他们在阿卡普尔科港有收货人或中间商。上表中的第一个发货人克莱门特·德瓦尔迪兹（Clemente de Valdéz）代表的就是一个标志性案例。17 世纪上半叶，克莱门特·德瓦尔迪兹应该是墨西哥商会的商务领事。同样，记录中的另一个人也值得一提：费尔南多·布拉沃·拉古纳（Fernando Bravo Laguna），他在几十年后成为利马商会法庭的财务官。[②] 布拉沃·拉古纳是 1617 年抵达阿卡普尔科港的"圣地亚哥"号上所载白银的主要投资者。这种贸易网络在高官和宗教人员的参与下进一步扩大。例如，佩德罗·德韦加·萨缅托（Pedro de Vega Sarmiento）也是贸易网络中的一员，他的职位是墨西哥教长和危地马拉主教。

这件事之所以被发现，是因为 1617 年抵达墨西哥的"圣地亚哥"号上有很多秘鲁白银。（见表 1-2）

---

① AGI, México, 29, N. 21, fs. 22-23.

② AGI, Escribanía, 511A.

表1–2　"圣地亚哥"号从利马到阿卡普尔科港向墨西哥法院的佩德罗·德·贝尔加拉（Perdo de Vergara）学士寄白银和商品清单（大副赫罗尼莫·洛佩斯·巴卡拉尔 Jerónimo López Bacalar，1617年）

寄货人	商品及价值（比索）
多明戈·德·加西亚（Domingo de García 利马修道院长）	银条 1 948
佩德罗·德·贝尔加拉学士（Pedro de Vergara Gaviria，国王授予学士）	白银 12 000
费尔南多·布拉沃·拉古纳先生（Don Fernando Bravo Laguna）	白银 20 000
格雷戈里奥·德·贝尔加拉（Gregorio de Vergara）	白银 6 000
米格尔·德·塞纳尔（Miguel de Senar，佩德罗·德·贝尔加拉 Pedro de Vergara 学士的仆人）	白银 4 000
安德烈斯·德·纳瓦罗（Andrés de Navarro，佩德罗·德·贝尔加拉 Pedro de Vergara 学士的仆人）	白银 4 000
弗朗西斯科·盖坦（Francisco Gaitán，佩德罗·德·贝尔加拉 Pedro de Vergara 学士的仆人）	白银 4 000
胡安·卡罗（Juan Caro）	白银 6 000
安东尼奥·福斯（Antonio Foz）	白银 2 000
佩德罗·德·贝尔加拉·佳维里亚（Pedro de Vergara Gaviria）	白银 6 000
胡安·德·索特略船长（Juan de Sotello，代表华曼加主教）	白银 20 000
尼古拉斯·哈科梅（Nicolás Jacome，大副）	白银 6 000
白银总计：	98 948
冈萨罗·德·阿维拉（Gonzalo de Àvila，利马居民）	2 000 罐葡萄酒
胡安·莱亚尔·帕洛米诺（Juan Leal Palomino）	160 担可可豆
胡安·莱亚尔·帕洛米诺（Juan Leal Palomino）	500 担可可豆

来源：AGI, México, 29, N. 21, fs. 30-32.

　　1617年，"圣地亚哥"号商船偷偷携带了近10万比索的银币和银条用于购买墨西哥市场多余的商品。1604年，新西班牙总督蒙特斯克拉洛斯（Montesclaros）侯爵向（西）印度议会详细报告了波托西白银与外国商品之间的交换过程：

两艘来自秘鲁卡亚俄港的载有白银的商船已经到达阿卡普尔科港，新西班牙对秘鲁来说有利可图，因为这里有多余的商品。[①]

以"圣地亚哥"号为例，葡萄酒、白银、瓜亚基尔的可可豆被秘鲁人用于和墨西哥商人交换商品。尽管该文件显示了"圣地亚哥"号的独特之处，但秘鲁白银流入墨西哥的事实并不罕见。毫无疑问，在本书所探讨的贸易模式运行的第一阶段，秘鲁白银起到了关键的支撑作用。到17世纪上半叶，秘鲁成为世界上主要的白银生产地。[②]

自1605年以来，允许从秘鲁运往墨西哥、用于购买"本地商品"的白银限额为20万杜卡多。[③]但是，任何禁令都敌不过现实中商业利益的诱惑。亚洲商品仍在秘鲁各地市场广泛供应，虽然官方许可的白银运输量是20万比索，但是根据商人的信件来看，秘鲁向墨西哥运送了"150万比索，几乎把波托韦洛的贸易和商船制度置于死地"。[④]

伍德罗·博拉（Woodrow Borah）[⑤]认为，16世纪末，约有300万比索的秘鲁白银流入阿卡普尔科；1597年，流入阿卡普尔科的白银有800万比索。这些白银被装上马尼拉大帆船，总计约1200万比索。[⑥]其中，1597年的情况是个例外。研究表明，每年从卡亚俄运往阿卡普尔科的白银价值在150万比索到300万比索之间。由于每年从卡亚俄或瓜亚基尔出发前往墨西哥的船通常有10到15艘，每艘所载白银的价值为10万比索到20万比索[⑦]（如"圣地亚哥"号），由此来看，每年150万比索到300万比索的白银运输量是合理的。除了这种比较常见的情况，还有一些比较重要的案例，如秘鲁总督蒙特斯克拉洛斯侯爵被

① AGI, México, 26, N.11, fs. 4-5.

② TePaske, "New World", 1983, pp. 425-445.

③ AGNM, Indiferente virreinal, caja 6697, expediente 78, fs. 1-3.

④ AGI, Panamá, 16, R. 2, Nº 23, f. 12.

⑤ 译者注：美国历史学家，主要研究殖民时期的墨西哥史。

⑥ Borah, *Comercio y navegación*, 1975, pp. 227-236.

⑦ 1591年，巴拿马王室官员说："派了一艘船去中国，以便从那里运回铜来铸造大炮，但是船没有回来，今年年初，利马又派出了另一艘船，据说该船运载了价值超过20万比索的雷亚尔。" AGI, Panamá, 33, Nº 146, f. 3. 也可参阅：Valle Pavón, "Los mercaderes", 2005, p. 227; Vila Vilar, "Las ferias", 1982, p. 294.

指授权一艘载有价值 100 万比索的白银的船只从卡亚俄出发前往阿卡普尔科。[①]

上文我们已经提到，运往阿卡普尔科的秘鲁白银有很大一部分被装到马尼拉大帆船上。在这几十年里，波托西银矿的繁荣使秘鲁白银成为阿卡普尔科—马尼拉路线上的主要商品。1604 年，墨西哥城市政议会宣布，每年约有 500 万比索的波托西白银和新西班牙白银运往马尼拉，[②] 这一数字一直保持到 1610—1620 年期间[③]。太平洋路线上的走私行为是显而易见的，因为从 1593 年起，这条路线上合法的白银出口额度是 50 万比索。[④] 虽然缺乏可量化的数据，而且即使是找到的文件也有很大的片面性，但是，学界的共识是，秘鲁白银和墨西哥白银走私到亚洲这种情况是存在的。只是有一个历史问题尚有待揭露和探索，而且对史学界非常重要。是什么问题呢？其实，并非所有流入墨西哥的秘鲁白银都被运往中国，很大一部分进入了墨西哥本地，随后经大西洋路线被转运至伊比利亚半岛。相关的资料来源非常少，新西班牙总督路易斯·德·贝拉斯科在 1609 年留下的一份文件对解答这一问题非常有帮助。

为了墨西哥和秘鲁之间的贸易活动的重新开放（1604 年以来一直处于禁止状态），维护商会的利益，新西班牙总督表示，每年从秘鲁非法流入阿卡普尔科的白银约有 50 万比索；这个数字和我们提到的其他证据所证明的实际情况相差很大，显然是为了隐瞒从太平洋流入墨西哥的秘鲁白银的真实规模，以维护新西班牙人的利益。不过，新西班牙总督的证词有两方面的意义。第一，他指的是流入墨西哥、用于商品交换的秘鲁白银，关于这一点上文已经分析过了。

……每年有 50 万比索的银条和银币流入墨西哥，墨西哥市场上充斥着白银，秘鲁人用它购买墨西哥本地产的商品，或西班牙商品，如果还有多余的钱（有时候会有这种情况），就用来购买中国服装。[⑤]

---

① Hanke, *Los Virreyes*, 1979-1980, tomo III, p. 153.

② Borah, *Comercio y navegación*, 1975, pp. 235-236.

③ Hoberman, *Mexico's merchant*, 1991, pp. 216-219.

④ Abreu, *Extracto*, 1977, tomo I, pp. 106-187.

⑤ AGI, México, 27, N.66, f. 5.

第二，"年轻的"贝拉斯科总督提到的另一个比较重要的点在于运往中国和西班牙的白银的种类，这一点比较新颖。

> ……秘鲁人把银条卖到这里，一部分卖给铸币的人，这些人要支付税款；另一部分卖给这座城市的商人，他们把银条寄往西班牙，当作给工人的工资，对这些商人来说，比邮寄雷亚尔强……因此，"银条很多都被运往菲律宾"的说法没有了。事实上，秘鲁银条流入了墨西哥，如果划算的话，这些银条还会被运往别的地方。但是比起银锭，亚洲人更青睐雷亚尔银币。[①]

另一个有趣的发现是，从秘鲁来的船只运往墨西哥的有各种不同类型的白银：银条、银币和未加工的银块。1620 年，葡萄牙商人莱昂·波托卡雷罗（León Portocarrero）特别证实了这一点。[②] 从秘鲁运往墨西哥的银条和银块会被留在墨西哥城的铸币厂，由那里的冶炼工人进行加工，同时支付相应的税款。有明显迹象表明，墨西哥城铸币厂被允许加工来自秘鲁的白银。[③] 与此同时，银币或秘鲁雷亚尔则被运往中国，中国特别需要这些白银来满足其国内市场的货币需求。

弗洛雷斯·拉米罗（Flores Ramiro）记录了 1602 年开往墨西哥的由托马斯·德·埃雷拉带领的"阿韦·玛丽亚"号（Ave María）秘鲁航船上所运载的白银价值。据弗洛雷斯计算，该船载有 564 699 比索的白银，其中 85%（482 579 比索）是有待铸造的原银。这个案例代表的是一种常态：在运往墨西哥的秘鲁白银中，银条占很大一部分，而银币和银块（barretón）则占很小一部分。[④] 很多秘鲁白银在墨西哥铸造后经太平洋路线运出。（见图 1-1）至于为什么史料对

---

① AGI, México, 27, N.66, f. 6.

② 莱昂·波托卡雷罗指出，运输的白银种类多样，每年有 3 到 4 艘利马船只载着"很多银条、金锭、很多箱雷亚尔"前往阿卡普尔科，请参阅：bnf, Manuscritos, *Espagnol 280*, N° 5057, fs. 208-209.

③ "Carta sobre que forme el superintendente unas ordenanzas particulares para esta Real Casa de Moneda de suerte que puedan servir también para las del Perú", en agnm, Real Hacienda, Casa de La Moneda, volumen 143, expediente 25, fs. 180-191.

④ Flores, *El Secreto*, 2005, p. 403.

"秘鲁白银经大西洋船队路线从墨西哥流向西班牙"一事缄口不提，有两个原因。第一，由于大部分的秘鲁白银在墨西哥进行加工或铸造成币，因此在前往塞维利亚的、装载着大批货物的大西洋船队中这些白银往往是会被忽视的。第二，西班牙没有理由控诉秘鲁白银非法流出的行为，因为虽然不是经由波托韦洛帆船流出，但这些白银的目的地总归是伊比利亚半岛。

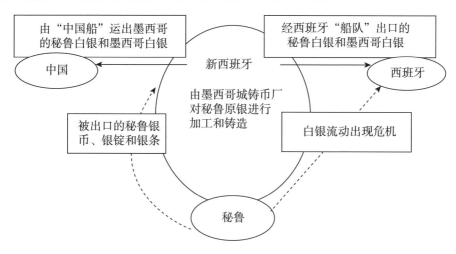

图 1-1　贸易模式中的白银运输路线图

　　在结束对该贸易模式第一阶段的分析之前，我们想就它对"内陆省船队"和"波托韦洛交易会"所产生的消极影响提出几点思考。维拉·维拉尔（Vila Vilar）的研究表明，16 世纪末至 17 世纪的最初几十年，秘鲁贸易不太依赖西班牙商船。在所有对官方贸易路线构成竞争的其他贸易路线中，历史学家们毫不犹豫地认为，"秘鲁—墨西哥—菲律宾"三角贸易是最重要的。向中国出口白银的同时从中国进口比西班牙丝绸便宜很多的丝织品助燃了摧毁波托韦洛交易会的火苗。[①] 很多史料记载了这一问题，其中，巴拿马市政议会曾在 1610 年这样描述：

　　……两艘从利马前往阿卡普尔科的船上所载的白银比西班牙皇家海军（Real Armada）船队带到波托韦洛的白银还要多，这种情况导致在波托韦洛没

---

① Vila Vilar, "Las ferias", 1982, pp. 294-295.

有足够白银用于交换西班牙船队所载纺织品。由于皇家海军带来的白银很少，那些为了在波托韦洛交易会进行交易而携带大量商品的西班牙商人不得不直接用带来的纺织品和香料充当白银付给他们的债权人，不仅血本无归，还要倒贴税款、运费甚至贷款……整个波托韦洛交易会不得不因此停滞，损失惨重。因此，秘鲁总督下令关上从秘鲁向阿卡普尔科运送白银的大门。[①]

　　秘鲁白银流入墨西哥一事对波托韦洛交易会的影响是毋庸置疑的，关于这一点，本书一直有所强调。然而，要想全面地理解这个议题，还有几点需要说明。我们认为，这条以"卡亚俄—阿卡普尔科"贸易路线为主干线、以"阿卡普尔科—马尼拉"和"阿卡普尔科—维拉克鲁斯"为分支的"史学地理中心"是波托韦洛交易会出现危机的主要原因。更确切地说，一方面，中国商品从墨西哥流入秘鲁使秘鲁人对波托韦洛的重视程度下降；另一方面，秘鲁人更愿意到墨西哥城购买西班牙商品也同样使波托韦洛的地位遭到威胁。如果把"维拉克鲁斯—墨西哥城"贸易路线看作波托韦洛交易会衰落的原因，可以帮助我们以更加广阔的视野重新审视整个西班牙帝国领地上的历史进程。波托韦洛交易会出现危机不单单是因为受到亚洲商品贸易的威胁，更主要的原因是新西班牙作为外国商品在西属美洲的主要"仓库"而享有的"贸易中心"的地位。

　　从这个意义上讲，西班牙商人的决策和实践也是导致内陆省的贸易制度出现危机的原因之一。在这方面，作为新西班牙利益的坚定捍卫者的贝拉斯科总督在1609年就波托韦洛交易会的衰落所表达的观点虽然有些片面，倒也值得一看。

　　……现在，秘鲁商人派人带着钱到塞维利亚直接购买利润大的商品，这样一来，塞维利亚商人就不再往内陆省运送商品，也不像前些年那样赚得钵满盆满。要知道，在以前是塞维利亚商人将货物运到内陆省来卖，他们占主导地位，而内陆省汇集了大量资金和商人。但现在，这些都消失了，很多人开始怀念过

---

① AGI, Panamá, 30, N.48, fs.2-3.

去的繁荣景象，盼望着有一天能恢复这种光景，但已经不可能了。[①]

　　加西亚·富恩特斯提出了大量能证明贝拉斯科上述观点的材料。[②] 波托西银矿的繁荣使秘鲁人敢于挑战西班牙商人的贸易垄断，他们直接来到塞维利亚市场进行贸易活动和谈判。而西班牙船队的发货人在意识到失去了对西班牙与秘鲁之间的贸易的控制权之后，决定不再向前往内陆省的船上装货。波托韦洛走向衰落不只是因为秘鲁白银流向了阿卡普尔科，还因为塞维利亚商人不再往内陆省运送货物，毕竟在内陆省的交易会上货物并没有销路，因为秘鲁人才是到达波托韦洛的船只的主导者。西班牙人把重心放在开往新西班牙的船队上，这条路线上的货物更有销路上的保障，不仅能够换取新西班牙白银，还能通过太平洋获取秘鲁白银。这样看来，似乎贸易的所有参与者，不论级别高低，都在促成新西班牙和秘鲁之间的半地下贸易模式的发展，同时他们也对波托韦洛船队的危机负有责任。

　　毫无疑问，与波托韦洛相比，秘鲁商人更喜欢与阿卡普尔科开展贸易的一个重要原因在于后者的贸易成本更低、航海风险也更低。这些优势是塞维利亚—巴拿马路线完全不具备的。贝拉斯科总督同样指出了这个问题：

　　……秘鲁人继续和墨西哥开展贸易并不是因为他们能获得巨额利润——他们的利润率不过只有10%~12%，更主要的原因是在每年的航程中他们不会面临事故风险和海盗的威胁，单单这一点就比和西班牙人在波托韦洛进行贸易有利得多。而在西班牙—波托韦洛路线中，单是来来回回地讨要欠款就需要四五年的时间才能把资金收回，最终是否赚钱还取决于海路和陆路运输时间的长短，各种故障、风险损失以及税款都要考虑在内。秘鲁人表示，这样下来，他们一年之间盈利率还不到7%，这就是为什么西班牙和波托韦洛之间的贸易协议无法再持续下去的原因。[③]

---

① AGI, México, 27, N.66, f. 4.
② García Fuentes, *Los peruleros*, 1997.
③ AGI, México, 27, N.66, fs. 6-7.

对秘鲁商人来说，与墨西哥开展贸易的成本比西班牙—波托韦洛路线的成本低且更加容易。苏亚雷斯（Suárez）和弗洛雷斯（Flores）的研究都表明，墨西哥—秘鲁路线中的运费、税款、佣金等加起来一般不会超过商品成本的50%，而卡亚俄—塞维利亚这条垄断路线上的各项费用竟然占商品成本的90%。[①] 不仅如此，墨西哥—秘鲁路线中的贸易活动获利速度也快。波托韦洛路线则完全相反，不仅无法保障盈利，还面临着遭遇海盗的风险，而且需要几年的时间才能知道贸易运作的最终结果。

上文提到，秘鲁—墨西哥之间的这种贸易模式持续到1640年，有史料记载，一直到这一年，亚洲商品和西班牙商品不断从阿卡普尔科运往秘鲁，即使是在禁止两地之间开展贸易活动的皇室敕令颁布的1634年，两地之间仍有运送上述商品的记录。其中一个证据是来自秘鲁总督钦琼（Chinchón）伯爵的证词。在卸下总督之位的1640年，钦琼向（西）印度议会建议开启秘鲁和新西班牙之间的贸易往来。他认为，几年前颁布的禁令并不能切断太平洋贸易活动的正常进行。他还指出，禁令非但没能阻止这种贸易活动，流入秘鲁的亚洲纺织品反倒比没有禁令的时候还要多。[②] 1628年的案例说明了这样一个事实：卡亚俄—阿卡普尔科路线允许航船装载的货物价值最高不超过20万比索，但是这些航船实际上装载了价值200万比索的亚洲商品返回秘鲁，这些伪装成本地货的纺织品被毫无顾忌地出售。[③] 但是，秘鲁总督认为，亚洲商品流入秘鲁并没有损害波托韦洛船队的利益：

……最近，仍有盛大的波托韦洛船队出现，亚洲商品流入，西班牙商品也有出售，（所以应该）重新允许秘鲁和墨西哥进行贸易，征收数额可观的税款，这样才是对皇家财库有利的举措。[④]

---

① Flores, "El secreto encanto", 1995, pp. 393-397 y Suárez, *Desafíos transatlánticos*, 2000, pp. 239-241.

② Muzquiz, *El Conde*, 1945, p. 307.

③ Lohman, *Historia marítima*, 1973, tomo Ⅳ, p. 320.

④ Muzquiz, *El Conde*, 1945, p. 309.

秘鲁总督强调，从墨西哥流入秘鲁的亚洲商品并没有影响西班牙商品在波托韦洛交易会上的正常出售。秘鲁总督的观点再次体现了亚洲商品和欧洲商品的互补性，这种互补是建立在不同群体的消费者对商品有着不同的需求的基础上的：亚洲商品满足的是大众消费者的需求，欧洲商品针对的是精英阶层。也许是为了维护秘鲁商会的利益，秘鲁总督没有提及这种模式的关键点：秘鲁和墨西哥之间的太平洋贸易活动除了买卖亚洲商品也有欧洲商品。事实上，欧洲商品的数量未必比亚洲商品少，这一点才是波托韦洛交易会出现危机的重要原因。

第三节 墨西哥与波托韦洛交易会的衰落（1680—1740）

没有证据表明 1640—1680 年期间半地下贸易模式的存在。相反，可以证明的是，这一时期，西班牙帝国内贸易体系的发展受到了某些因素的影响。首先，这一时期的马尼拉大帆船贸易出现了一定程度的停滞。马尼拉大帆船不再像 1580—1640 年那样带来大量亚洲商品，带走大量美洲白银（1580—1640 年是半地下贸易模式发展的巅峰时期）。马尼拉大帆船贸易减少的同时，通过太平洋从墨西哥流向秘鲁的外国商品也随之减少；同样，流向阿卡普尔科的秘鲁白银的量也有所减少。另外，我们也没找到载有外国商品的船只在到达秘鲁港口时被扣押或检举的文件。也许，这种文件的缺失再次表明，从墨西哥流向秘鲁的外国商品明显减少。

但是，最能证明这种半地下贸易模式在该时期处于停滞状态的证据是大西洋贸易体制的稳定局面。对此，加西亚·富恩特斯的研究（见表 1-3、表 1-4）值得借鉴。

表1-3　从西班牙到新西班牙和内陆省的航行次数（次）和占比

	1650—1659		1660—1669		1670—1679		1680—1689		1690—1699	
新西班牙	76	55.8%	74	49.3%	79	56.8%	93	60.3%	91	61.9%
内陆省	60	44.2%	76	50.7%	60	43.2%	61	39.7%	56	38.1%

表1-4　从新西班牙和内陆省到西班牙的航行次数（次）

	1650—1659		1660—1669		1670—1679		1680—1689		1690—1699	
新西班牙	57	48.7%	21	51.2%	73	46.2%	59	60.8%	48	64.8%
内陆省	60	51.3%	20	48.8%	85	53.8%	38	39.2%	26	35.2%

来源：García Fuentes，*El Comercio*，1980，pp. 215-217.

通过观察西班牙船只的去程和回程情况，我们注意到，1650 年至 1680 年，西班牙发货人对通过维拉克鲁斯船队运送外国商品并没有表现出太大的兴趣。从西班牙开往墨西哥和内陆省的船只数量相当，这样一来，西班牙的所有贸易活动都是对大西洋两极贸易体系的补充。这种局势在后几十年发生了变化，尤其是从 1680 年开始，前往新西班牙的船队活动变得更加频繁，而开往波托韦洛的则不太连续。

然而，仅仅因为波托韦洛船队的衰落就得出秘鲁出现贸易危机的结论是不正确的。17 世纪后 25 年里，秘鲁乃至整个西属美洲都呈现出经济增长的迹象，而新西班牙正是这种迹象最好的体现。白银生产与铸造的增加、农业生产的增长和美洲内部贸易活动的增长是新西班牙经济多样性和持续增长的其中一些表现。[①] 而秘鲁的情况则比较复杂。历史学家肯尼斯所做的关于秘鲁在 17 世纪的公共收入的研究可以证明这一点（见表 1-5）。

表1-5　秘鲁总督区公共收入（1631—1690）

年份	总收入（比索）	留在秘鲁的收入（比索）	寄往西班牙的百分比（%）	留在秘鲁的百分比（%）
1631—1640	32 894 130	18 055 639	45	55
1641—1650	33 720 680	19 452 359	42	58
1651—1660	35 887 968	24 126 862	33	67

---

① Romano，*Coyunturas*，1993，pp. 125-138.

续表

年份	总收入（比索）	留在秘鲁的收入（比索）	寄往西班牙的百分比（%）	留在秘鲁的百分比（%）
1661—1670	20 325 261	17 298 253	15	85
1671—1680	26 060 453	21 890 780	16	84
1681—1690	24 078 352	22 806 459	5	95

来源：Kenneth, *Crisis and Decline*, 1985, p. 34

从该表格可以看出，17世纪下半叶开始，从秘鲁运往西班牙的公共收入大大减少。17世纪30年代，运往西班牙的秘鲁白银占秘鲁全部公共收入的40%，到了17世纪80年代，却只占5%。运往西班牙的秘鲁白银大量减少的事实表明，波托西产银量的降低和作为贸易枢纽的波托韦洛交易会的衰落密切相关。但是，产银量的降低和波托韦洛交易会的衰落这两个变量不能作为秘鲁经济出现整体危机的决定性指标。

秘鲁公共收入的减少是向西班牙运送的收入减少的其中一个原因。秘鲁在17世纪下半叶的公共收入低于17世纪上半叶，但是留在秘鲁的部分是显著增多的。对这种现象的解读是，白银被本地精英留在秘鲁以应对这里日益复杂化的社会、政治、经济结构。秘鲁的行政事务、防务、本地以及美洲内部贸易和国际贸易等都需要资金支持。显然秘鲁对向西班牙运送白银非常抵制，这种现象在17世纪最后25年里表现得更为明显，秘鲁和西班牙的贸易联系开始变弱，而和墨西哥的联系则变得更加紧密。

白银被留在秘鲁也说明了秘鲁的对外贸易出现了较大变故。在贸易领域，不应该把波托韦洛官方贸易的危机看成是秘鲁的对外贸易出现普遍衰落的体现。因为除了正式贸易，秘鲁的其他贸易活动并没有出现危机。官方贸易出现衰退在很大程度上是因为走私活动的增加以及美洲内部贸易联系的加强。在17世纪最后25年里，贸易垄断制度无法满足西属美洲市场日益增长的消费需求。消费欲望使走私行为变得猖獗，随之在不同大洲之间、不同西班牙殖民地之间诞生了新的贸易渠道，而官方海上贸易路线上的走私活动也得到了发展。秘鲁的贸易精英手握大笔可供投资的资金和贸易渠道，通过加强与西属美洲其他地区的联系，尤其是绕过西班牙的法律禁令加强和新西班牙的联系，从而应对消费需求的增长。[①] 因此，17 世纪末秘鲁的公共收入的增长为通过非正规渠道进口商品提供了必要条件。秘鲁市场从 16 世纪末开始就一直存在的以高度的自给自足和贸易垄断为特征的经济增长模式终于达到了发展极限。[②] 随后迎来的是自给自足结构的解体和对外贸易的开启。从那时起，官方贸易制度成了一个抽象的垄断概念，而非现实。

从这种意义上讲，在 17 世纪的最后 25 年里，半地下的西属美洲贸易活动再次出现并非偶然。[③] 从 1680 年开始，与墨西哥有关的跨太平洋贸易和跨大西洋贸易活动明显增多。亚洲和欧洲商品经太平洋从墨西哥流向秘鲁的路线再次重启，秘鲁白银也再次流向亚洲和欧洲。与此同时，到达维拉克鲁斯港的商船也有所增多。这些路线的复兴使"西班牙—波托韦洛"历史轴线在 1740 年彻底衰落。正因如此，由于从大西洋和太平洋路线进口的商品过多，新西班牙市场再次经历商品过剩、内部市场无法完全消耗的局面，正如加西亚·富恩特斯所提出的那样。[④]

1711 年，（西）印度议会认为，"亚洲货物如此之多，新西班牙市场无法消耗，所以才向秘鲁转运"[⑤]。下文我们将会探讨通过太平洋从新西班牙向南美转运的货物的情况，现在先来看一下是否有大量"亚洲货物"进入阿卡普尔科（见表 1-6）。

---

① 1660 年开始，利马商会掌握了北海（大西洋）海损和太平洋海损的管理权，掌握着征收商品进出口税、贸易税和没收违禁品的席位和军队联盟席位。Céspedes, *La avería*, 1945, pp. 154-160. Suárez, *Desafíos*, 2001, pp. 309-314.

② Assadourian, "Integración", 1994, pp. 141-164.

③ 在几年前的一篇文章中，我们已经分析了该模式在 1680—1740 这段时间内最突出的一些特征。 在以下几行中，我们尝试使用新的数据和解释详细分析这一议题。请参阅：Bonialian, "México", 2011, pp. 7-28.

④ García Fuentes, *El Comercio*, 1980, pp. 65-77.

⑤ AGI, Lima, volumen 480, f. 7.

表 1-6　流入阿卡普尔科的亚洲商品数量（1709—1736）

年份	数量（件）	年份	数量（件）
1709	4 519	1725	不详
1710	3 284	1726	不详
1711	3 287	1727	不详
1712	3 764	1728	不详
1713	5 359	1729	不详
1715	3 802	1730	3 996
1717	4 610	1731	3 996
1718	2 537	1732	3 600
1720	3 240	1733	3 973
1721	2 493	1734	4 000
1722	2 948	1735	不详
1723	不详	1736	4 035
1724	6 135	1737	3 308

来源：年份 1709—1722：AGI, *Filipinas*, 208, 文件编号不详；年份 1722—1737：Yuste, *Emporios*, 2007, pp. 384-385.

（西）印度议会的观点应该是可信的。从上表的年份一列可以看出，马尼拉大帆船所载的东方货物每年准时到达。遗憾的是，我们没有掌握 1709 年以前的数据。不过，下文我们给出的资料将明确地表明，跨太平洋贸易的繁荣在之前几十年就已出现。1720 年，西班牙皇室颁布了一条法令，其中规定，马尼拉大帆船被允许运载的货物量为 4000 件，皇室意在通过这一法令减少亚洲商品的进口。[①]该法令颁布之后，马尼拉大帆船所登记的货物量的确在官方核准的载货量之内，但是，这不免让人认为，海关方面有操纵数据、掩盖超载的嫌疑。

同一时期，通过维拉克鲁斯流入新西班牙的西班牙商品和欧洲商品数量也非常多。加西亚·富恩特斯的研究以及本书上文都有提到，西班牙和维拉克鲁斯之间的商船数量和贸易活动也出现了持续增长。新西班牙船队的航行变得更有规律性，数量上也比之前多。1680—1700 年，有 9 支船队从西班牙驶向

---

① AGNM, Reales Cédulas, volumen 41, s/n de fs.

新西班牙，而驶向波托韦洛的只有 4 支船队。[①] 在接下来的几十年里，驶向新西班牙的船队的主导地位得到进一步巩固。如果不考虑走私和法国的登记船只，1700—1715 年，维拉克鲁斯一共迎来了 8 支西班牙船队，其中 5 支是商船船队，3 支是运送水银的船队。一共有 58 艘商船和 20 艘战船登陆维拉克鲁斯，运送了 23 700 吨的商品。[②] 相比之下，秘鲁总督区与西班牙的联系则没那么密切。1695—1721 年，只有一支船队到达波托韦洛，即 1706 年由于被英国人截获而未能返回加的斯的那支船队。[③]

以墨西哥为中心的贸易模式的运行是波托韦洛船队衰落的原因。通过地下贸易渠道将欧洲商品从阿卡普尔科转运到秘鲁对西班牙发货人来说更有保障。对西班牙人来说，与新西班牙进行船队贸易比向内陆省派遣商船更有吸引力。1706 年，利马商会在一封文件中详细描述了这一现象。在卡萨·阿莱格里（Casa Alegre）伯爵带领的船队来到内陆省之际，利马商会向（西）印度议会表示：

……（来内陆省的）船只有 9 艘，有的只装了半船货物，还有的只装了 1/3 的货物，在此之前一般都是来 16 艘船，而且每艘都载满货物……而开往新西班牙维拉克鲁斯的船队则有 17 艘载满货物。

出现这种现象的原因是什么呢？只是为了少往内陆省运货，以便多向墨西哥供给吗？利马商会的回答是：可以肯定，"西班牙发货人会把很大一部分在墨西哥卖不掉的商品运往秘鲁"。[④] 利马商会还表示，没有人愿意在波托韦洛交易会上投资，因为在墨西哥不仅能买到亚洲商品，还可以买到跟内陆省

---

① Fernández de Pinedo, "Comercio colonial", 1986, pp. 121-131; García Fuentes, *El Comercio*, 1980, pp. 164-215.

② Pérez Mallaina, *Política Naval*, 1982, p. 13.

③ Alcedo, *Piraterías*, 1883, p. 8; Walker, *Política española*, 1979, p. 44. 虽然不算商船，但是，1700—1713 年期间的战船所运输的货物也应该被考虑在内。在此期间，"波托韦洛"贸易路线上共有 10 艘商船、19 艘战船，共运输了 14 700 吨商品。请参阅：Pérez Mallaina, *Política Naval*, 1982, p. 19.

④ Moreyra, *El Tribunal*, 1956, p. 19.

一样的货物。[1]

这就又涉及半地下交易模式的重点。在面对来自中国商品的竞争时，塞维利亚和加的斯商人所贩卖的商品的销路的确会受到影响。[2]在《太平洋》一书中我们已经提到，历史学界一直持有这样的论点。但是，这种现象是相对的，这种冲突尚有争议，不完全属实，我们不应该因为这种观点而忽略了新西班牙的真实历史：经维拉克鲁斯登陆的西班牙船队的贸易活动十分活跃，他们的商品被墨西哥城的商人买下、卖出或是储存起来。除了新西班牙，还有一个有大量需求的第二消费市场，即秘鲁市场。因此，我们得出了一个重要结论：维拉克鲁斯—阿卡普尔科—卡亚俄路线与马尼拉大帆船路线并非相互竞争，相反，在其漫长的运行过程中，前者是后者的补充，前者推动了后者的发展。

虽然不像马尼拉大帆船那样每年都来，西班牙船队来墨西哥大西洋沿岸的次数还是比较有规律性的，这在很大程度上是因为西班牙发货人在这条路线上看到了售出商品的可能性。佩雷斯 - 玛亚伊娜（Pérez-Mallaina）的研究涉及这一点。1705 年，塞维利亚商会向（西）印度议会公开表示，"……贸易界更倾向于和新西班牙开展贸易活动，而非和内陆省"[3]。作为贸易的主角，他们的证词逐渐揭开了半地下的贸易模式的真面目。1733 年，由于有过量的亚洲商品流入墨西哥，西班牙帝国的不同的贸易群体之间产生了冲突，菲律宾商人开始控诉西班牙商人的行为：

……很明显，加的斯商人在秘鲁的商品交易会上没有像在新西班牙的商品交易会上成功，在新西班牙他们获利更多……因此，加的斯商人们开始抱怨，运到墨西哥的商品实在过多，多得超过了墨西哥市场的消费能力。[4]

这种情况和我们在该模式运行的第一阶段（1580—1640）所观察到的情况

---

[1] Moreyra, *El Tribunal*, 1956, p. 21.

[2] 18 世纪前 30 年，有大量关于西班牙商人、墨西哥商人和菲律宾商人相互投诉的记载，参阅：Abreu, *Extracto*, 1977.

[3] Pérez-Mallaina, *Política*, 1982, p. 52.

[4] Abreu, *Extracto*, 1977, t. I, p. 145.

相似。1712 年，墨西哥商人要求西班牙船队每两年来一次，而非一年一次。[①]
但是，西班牙船只却每三年或四年才来一次，而且所载货物大大超过了新西班牙的消费水平。商品的过量供应导致价格的下跌，这种情况有利于新西班牙商人，但损害了西班牙人的利益。由于新西班牙商人压低价格，西班牙人不得不深入总督区内陆，以便获得更高的利润。

1672 年开始，这种情况开始蔓延。这一年的 5 月，西班牙船队准备向维拉克鲁斯进发，墨西哥城的商人们向塞维利亚商人们发出提醒，如果他们执意把资金押注在维拉克鲁斯船队上，结果将会让他们失望。历史学家拉米凯兹（Lamikiz）认为，新西班牙商人难以卖出前几年西班牙船队运来的商品，西班牙商人们因此决定深入新西班牙内陆：

……对新西班牙商人来说，买进西班牙商品将遭受显著损失，对西班牙商人同样如此，船队的连续到来使商品价格变得如此之低，所有人都在遭受大量损失。[②]

我们来看一个具体的案例。1700 年 1 月，在到达墨西哥城后，西班牙商人佩德罗·查波雷（Pedro Chapore）向他在西班牙的合伙人发出提醒称，墨西哥城的商品价格明显下跌：

感谢上帝，墨西哥城的商品交易会进展顺利，但是棉布、线、粗毛织品、羊毛织物行情不好，彩色印花棉布连 6 雷亚尔都卖不到，布列塔尼布刚刚卖到 30 雷亚尔，荷兰细帆布也不过 14 比索，细亚麻布、花边布等根本没人买。唯一能做的就是一边卖东西一边后悔。[③]

几个星期之后，查波雷开始感到失望，"中国船"的到来使欧洲商品的交易陷入瘫痪，"没有人上门"。他唯一能指望的就是有三艘秘鲁大商船将要出发

① AGI, *México*, 2501, s/n de fs.
② Lamikiz, "Flotistas", 2011, p. 9.
③ 同② 23.

前往阿卡普尔科，船上的人们有意购买西班牙船队在新西班牙市场卖不掉的商品。[1] 秘鲁市场对已经进入墨西哥市场的西班牙商人来说是个不错的选择。

这种情况绝非个例。1700 年，西班牙船队商人姆纳李斯（Munárriz）的代理人帕斯瓜尔·德·阿杰斯塔（Pascual de Agesta）到了墨西哥城。他是来到墨西哥内陆为商品寻找销路的西班牙商人之一。在看到出售商品的困局时，他决定北上。当他到达圣路易斯波托西时，看到的仍是一幅令人失望的景象。

> ……这座城市有好多卖纺织品的商人，但是这里资金短缺，什么东西都卖不出去，所以商品价格非常低。[2]

1701 年 2 月，在没有什么进展的情况下，阿杰斯塔带着剩余的商品向阿卡普尔科行进，准备用卖货所得的钱买进中国商品。和很多西班牙人一样，阿杰斯塔来到阿卡普尔科并非偶然。但是，至少从 1725 年开始西班牙人的这种行为就被投诉了。1725 年，墨西哥城商人对西班牙商人做出这样的指控：

> ……西班牙人就像没有停留期限一样待在新西班牙，他们买入亚洲商品、可可豆或者参与到其他有害无利的事情中……在滞留期间，他们以出售从西班牙带来的货物为生，或把它们运送至阿卡普尔科用以换取亚洲纺织品，或把它们卖给菲律宾商人。[3]

新西班牙市场商品过量供应导致价格下跌，西班牙商人不得不冲破大西洋船队商品交易会的限制，深入内陆市场寻找销路。西班牙人非常积极地参与新西班牙市场的贸易活动，甚至直接到阿卡普尔科购买利润颇丰的亚洲商品。西班牙船队商人及其代理人在新西班牙内部市场的活动引发了墨西哥城商人们的一再抗议，他们认为自身对本地贸易的垄断地位受到了威胁。

在进口商品过多、价格下跌、西班牙人介入新西班牙市场的大背景下，秘

---

[1] Lamikiz, "Flotistas", 2011, p. 23.

[2] 同①18.

[3] AGNM, Consulado, 269, expediente 2, f. 9-10.

鲁的船只经太平洋沿岸登陆新西班牙，缓解了这里的紧张局势。墨西哥城的商人们不加节制地向秘鲁运送亚洲和西班牙商品。[①] 墨西哥城的商人们储存了非常多的欧洲和亚洲纺织品，他们非常欢迎从太平洋登陆的秘鲁人前来下单。只要没有人提出质疑，秘鲁人在这里总是受欢迎的。不过，西班牙船队商人正是对此提出质疑的人，他们认为秘鲁人垄断了新西班牙市场上的商品和货币的流通。1692 年，秘鲁人得以打入新西班牙市场，但是，西班牙商人和官员们立刻阻止了这一行为，这种事情没能再次发生。[②]

1714 年，加的斯方面向（西）印度议会反映的情况同样印证了利马方面的观点。

……新西班牙有大量纺织品，其中有西班牙船队运来的，也有外国人运来的，还有很多从亚洲和菲律宾运来的丝绸制品。有必要判断一下新西班牙究竟会如何处理这些商品，因为本地市场是无法完全消耗的，每年都会有东西滞销，这样一来，为了处理掉这些商品，不得不赔本降价，所以，明智的做法是把其中很大一部分销往包括秘鲁沿海在内的西班牙帝国的其他地方。[③]

在加的斯商会的敦促下，18 世纪前 30 年一直有西班牙船队驶向维拉克鲁斯。正如上文所引用的加的斯方面的观点明确指出的那样，新西班牙市场上欧洲商品的过量供应并不是从维拉克鲁斯流入的欧洲商品数量变少的主要原因。虽然看似难以理解，但是事实就是这样：连加的斯商人都承认，墨西哥市场上充斥着西班牙纺织品，而他们自己也对波托韦洛官方贸易不感兴趣并把资金着重投入到维拉克鲁斯船队上。从商品没收记录来看，我们找到了 25 艘从新西班牙海岸返航的秘鲁商船的有关记录，这些商船携带了大量来自西班牙、欧洲和

---

① AGNM, Consulado, 269, expediente 2, p. 21.

② AGNM, Indiferente virreinal, caja 187, expediente 9, fs. 1-132. 西班牙人的力量如此强大，以至于在几十年间，秘鲁人介入新西班牙市场的问题成为贸易法庭向皇室和（西）印度法院控诉和指责的对象。

③ AGI, México, 2501, s/n de expediente.

亚洲的货物，目的地是厄瓜多尔和秘鲁的沿海港口。[①] 在该贸易模式运行的第一阶段（1580—1640）的大部分时期，外国商品经太平洋进入秘鲁是被允许的，而 1680—1740 年期间，西班牙法律完全禁止了墨西哥和秘鲁之间的贸易活动。

但是，海关人员和官员们的受贿行为使墨西哥和秘鲁之间的贸易活动变得系统化。然而，谁才是这条路线真正的推动者？利马商会发送给（西）印度议会和西班牙国王的信件表明，利马商会一直坚定地要求处罚和禁止墨西哥和秘鲁通过太平洋进行贸易活动。有关报告表明，与商会的利益无关的各个社会群体都对这种活动负有责任。1710 年，利马商会要求处罚这些人：

　　……地方法官、皇室官员、司法人员、船主、船长和领航员，尤其是那些载着可可豆和白银从瓜亚基尔港出发、然后载着亚洲和西班牙服装从新西班牙返航的船只。[②]

1704 年，利马商会法庭指控墨西哥城商人向秘鲁走私亚洲商品，并指出，"（墨西哥城商人）在太平洋路线上的获利比重没有 100%，也有 90%"[③]。

新西班牙商会的确应该对走私活动负责，但这并不代表其他参与此活动的各方都应该免责。有关资料表明，利马的大商人是推动墨西哥和秘鲁之间的商品交易活动的重要因素，他们中的很多人在商会中身居要职。上文已经分析了半地下贸易模式发展的第一阶段（1580—1640）中的主角，现在来看一下第二阶段（1680—1740）的主角。

18 世纪初，利马法院对墨西哥商人做出指控：

　　……墨西哥的非法贸易一片混乱，从事这一活动的是墨西哥商人，他们也

---

① 秘鲁商船提前到达阿卡普尔科和新西班牙西海岸的其他港口，在那里他们出售白银、可可豆、水银、红酒、油。关于商船及其载货详情可参阅：Bonialian, *El Pacífico*, 2012, pp. 274-274 y 302-303.

② Moreyra, *El Tribunal*, 1956, pp. 242-243.

③ 同② 14.

卷入了这个有害的活动中。①

1682 年（即普拉塔公爵任秘鲁总督期间），佩德罗·拉斯古拉因·苏马埃塔（Pedro Lascurain Zumaeta，1710 年成为秘鲁商会法院院长）和弗朗西斯科·德·贝洛阿查伽（Francisco de Beloachaga，1700 年任秘鲁商会法院院长）获得了来自秘鲁当局的秘密授权，在未经西班牙国王同意的情况下和墨西哥开展贸易。在总督的庇护下，两人将走私的亚洲商品运进秘鲁。②1715 年，从阿卡普尔科出发的"洛雷托圣母"号（Nuestra Señora de Loreto）航船上，著名商人哈科沃·曼西利亚·奥索里奥（Jacobo Mansilla Osorio，1724—1726 年期间成为商会法院成员）带来了亚洲商品、西班牙商品以及烟草共计 432 件。奥索里奥和利马长官（maestre de Lima）胡安·德·拉普恩特（Juan de la Puente）、瓜亚基尔法官巴勃罗·萨恩斯·杜龙（Pablo Sáenz Durón）组成了一个贸易网络。1716 年，秘鲁商会成员、未来的利马商会驻加的斯总代表胡安·德·贝里亚（Juan de Berria）被检举曾将从"圣克里斯托德莱昂号（Santo Cristo de León）"航船上买到的亚洲商品和从西班牙船队那里买的货底非法运往卡亚俄。他的同伙马蒂亚斯·德·塔耶多（Matías de Talledo）是利马最有权势的商人之一，坐拥多艘太平洋巡航战舰。③1739 年，卡亚俄扣押了两艘来自新西班牙的船，这两艘船上共载有 58 箱中国、欧洲和西班牙的纺织品。它们分别是"巴尔瓦内拉圣母"号（Nuestra Señora de Balvanera）和"康塞普西翁圣母"号（Nuestra Señora de Concepción）。第一艘船属于胡安·包蒂斯塔·巴基哈诺（Juan Bautista Baquijano），他是一名与秘鲁商会关系密切的利马大商人。第二艘船属于著名的商人加斯帕尔·德·贝拉尔德·基哈诺（Gaspar de Velarde Quijano），他在 1737 年与拖雷·塔格莱（Torre Tagle）侯爵夫妇的女儿结婚。1747 年，贝拉尔德出任利马市长（alcalde ordinario），1757 年成为法院院长。在秘鲁商会的周旋下，巴基哈诺和贝拉尔德只象征性地交了一些罚款就重获自由了，带来的进口

---

① Moreyra, *El Tribunal*, 1956, p. 27.

② AGI, Ramo Escribanía, "Pleitos Audiencia de Guatemala" 1680-1684, legajo 337ª, s/n de fs.

③ Dilg, "The Collapse", 1975, pp. 34-37.

商品仍然归他们所有。①

关于这种非法行贿受贿的勾当，1742 年某位秘鲁居民这样描述：

……与墨西哥进行纺织品贸易的商人们是得到当局默许的……其中有 10 个人都是商会成员，而且是追随总督和法官的。②

商会成员通过多种方式参与秘鲁和墨西哥之间的贸易。如果不能直接参与商品进口，他们就从拍卖被扣押的商品中获利。1678 年，身居高位的商会法院院长弗朗西斯科·奥牙桂·加西亚（Francisco de Oyagüe García）通过拍卖获得了来自阿卡普尔科的"波普洛圣母"号（Nuestra Señora de Populo）商船上的货物。③ 在 1733—1735 年成为法院院长的伊西德罗·古铁雷斯·德·科西奥（Isidro Gutiérrez de Cosío）则买下了"洛斯雷耶斯"号（Los Reyes）商船上的货物以在内陆的商店里零售。货物的总价值达 6.9 万比索。④ 这种情况绝非个例。1743 年，"拉梅赛德圣母"号（Nuestra Señora de la Merced）试图在派塔港卸下价值约 23 万比索的亚洲和欧洲商品。船长巴尔塔萨·德·阿耶斯塔（Baltasar de Ayesta）被捕之后，多名官员纷纷参与到诉讼案中，其中包括曾在 1742 年任法院院长的安东尼奥·塔格莱·布拉乔（Antonio Tagle Bracho）、曾在 1740 年任法院财政官的何塞·奥拉维德（José Olavide）、在 1742—1746 年期间任商会法官的托马斯·德·科斯塔（Tomás de Costa）。这些显贵们提议，上交给西班牙国王 23 万比索，其中 15 万比索是货物的价值，8 万比索是对放行船长阿耶斯塔的所有商品所征收的保释金。⑤ 这些资料表明，墨西哥与秘鲁之间半地下的贸易网络的形成是以利马大商人的非法实践为基础的。

① ANL，Ramo Superior Gobierno，Sección Real Acuerdo，Resolutivos，caja 21，doc. 21，año 1740，f.1.

② "Estado Político del reino del Perú. Gobierno sin leyes，1742"，en bprm，Miscelánea de Ayala，legajo Ⅱ，expediente 2888，fs. 100-101.

③ ANL，Ramo Superior Gobierno，Sección Real Acuerdo，Resolutivos，Caja 2，doc. 7，año 1678：320.

④ AGI，Ramo *Lima*，legajo 411，expediente 1.

⑤ AGI，Ramo Lima，legajo 1475，doc. N° 2，fs. 1-36.

接下来，我们分析一下第二阶段的运作模式。在这一时期，秘鲁白银的流动情况和第一阶段是一样的。大量白银被运往墨西哥，既可用以换取登陆维拉克鲁斯的船队带来的欧洲商品和西班牙商品，也可换取到达阿卡普尔科的马尼拉船队带来的亚洲商品。有关秘鲁白银在这一时期经墨西哥流向西班牙的史料不太多，但是，阿尔赛多·伊埃雷拉（Alcedo y Herrera）的证词可以一读。阿尔赛多探讨了将西班牙船队的货从阿卡普尔科转运到秘鲁和将秘鲁白银运往新西班牙所造成的后果，他认为，面对 1731 年最后一批来到内陆省的波托韦洛港的西班牙商船，洛佩斯·平塔多（López Pintado）船长面临着这样的问题：

……以指挥官、船长洛佩斯·平塔多为首的 1730 年船队与上两次的船队相比非常不幸。秘鲁商人们没有在此地会集，也没有带来大量资金。秘鲁商人大多忙于和新西班牙的港口，雷阿雷浩（Realejo）、松索纳特和阿卡普尔科的贸易，因此用于波托韦洛贸易交易会的资金就减少了。这种情况被波托韦洛船队的总指挥亲眼见证并向加的斯方面进行了汇报，而就在同一年，前往新西班牙的船队则带回了大量秘鲁白银。[1]

同一时期，另一位匿名人士在《秘鲁政治状况》中的描述也和阿尔赛多·伊埃雷拉一致。

……第三扇门是墨西哥，越来越多的亚洲纺织品不断从这里流向秘鲁，总价值达 300 万比索，秘鲁也因此向墨西哥输送了价值这么多的白银。而从墨西哥归来的西班牙船队在加的斯进行申报登记时，也被发现带来的白银很大一部分来自秘鲁，而来自墨西哥的则没有那么多。[2]

由于波托韦洛的商品供应不足，秘鲁商人开始在墨西哥市场买入西班牙和亚洲商品。上文已指出，波托韦洛和内陆省船队之所以效率低下，不仅是因为

---

[1] Alcedo y Herrera, *Piraterías*, 1883, 515.

[2] BPRM, Miscelánea de Ayala, volumen Ⅱ, expediente 2888, fs. 154-155.

利马商人把资金用于和墨西哥进行贸易，也因为西班牙发货人自己把资金着重投入到维拉克鲁斯船队上。从这个意义上讲，秘鲁和墨西哥之间的贸易活动的繁荣和西班牙传统贸易模式的衰落同时发生绝非偶然。

关于波托韦洛商品交易会的没落和消失，史学界认为是多种原因共同导致的结果。首先，外国人与内陆省开展直接贸易是其中一个因素。荷兰人以库拉索为基地在波托韦洛和加勒比海附近从事走私活动是破坏法定贸易体系稳定性的重要因素。[①]英国人以其飞地牙买加为基地与内陆省多地开展直接贸易且获利颇丰。1713年之后，英国人的活动变得更为频繁，因为西班牙王室向英国人授予了从事非洲奴隶贸易的特权，并允许他们定期向西属美洲市场派遣一艘"特许船"，每艘船被允许装载500吨商品。[②]

另外，1698—1720年期间，法国船只在太平洋上的活动也对西班牙官方交易会的衰落产生了显著影响。法国人的走私活动推动了智利、秘鲁、厄瓜多尔等地港口非官方交易会的举办。在这些交易会上，法国和亚洲纺织品的出售价格比在波托韦洛交易会上的价格要低。[③]1716年，阿尔善斯·德·奥尔苏阿·伊韦拉（Arzans de Orsúa y Vela）表示，纺织品实在太多了，以至于：

> ……无论是法国的还是中国的，都比西班牙的要便宜。（法国的）普通彩色印花棉布在阿里卡只卖1雷亚尔，最多也只卖到1.5雷亚尔，而在波托西则可以卖到3雷亚尔。[④]

其次，17世纪下半叶以来布宜诺斯艾利斯的对外贸易的急剧增长也被认为是造成波托韦洛交易会衰落的另一个重要因素。[⑤]17世纪末，利马商会表示，1696年波托韦洛交易会的失败原因是"有3艘'特许船'来到了布宜诺斯艾利

---

① Arauz, *El Contrabando*, 1984；Pérez Mallaina, *Política Naval*, 1982, pp. 53-54.

② Walker, *Política española*, 1979, pp. 95-123；Studer, *La trata*, 1956.

③ Malamud, *Cádiz*, 1986；Tandeter, y Watchel, "Precios", 1992, pp. 221-302. 关于法国人在秘鲁和中国广东之间开展的直接贸易，请参阅：Bonialian, *El Pacífico*, 2012, pp. 187-213.

④ Orsúa, *Historia de la Villa*, 1965, tomo Ⅲ, p. 55.

⑤ Moutokias, *Contrabando*, 1988.

斯"。后来，又有3艘"特许船"到达。来布宜诺斯艾利斯的船只过多，带来的商品足以供应智利及上方的那些省份"。1696年，在波托韦洛交易会上买卖商品的西班牙商人和利马商人被迫"降低商品价格，因此损失了大部分资金"。[1]有关研究表明，秘鲁是在18世纪第二个25年才开始转向与布宜诺斯艾利斯开展贸易的，这时候，法国人在太平洋的贸易活动已经结束，西班牙船只开始通过登记制度获取贸易许可。私人船只不断出现在拉普拉塔河的港口，使秘鲁的资金在通过陆上路线流向大西洋门户的时候转向流入查尔卡斯（Charcas）。[2]

避开这些因素不讲，我们先来探讨另一个重要话题，以墨西哥为中心的贸易模式的关键点——太平洋航线。1678年和1696年举行的波托韦洛交易会同样也没有得到秘鲁商人的重视，他们把资金重点投入到和墨西哥的贸易中。阿尔赛多指出，1678年的交易会是失败的，因为秘鲁总督卡斯特利亚尔伯爵向秘鲁船只授权：

……允许这些船只前往新西班牙港口，引入大量亚洲和西班牙纺织品，交易会上的人们对西班牙商品的兴趣大大降低了。[3]

1696年的波托韦洛交易会也遭遇了同样的情况。1697年，意大利旅行者杰梅利·卡雷里（Gemelli Carreri）发现，秘鲁人携价值200万比索的白银在阿卡普尔科买入亚洲和欧洲商品。[4]因此，1696年的波托韦洛交易会的举办对秘鲁白银向墨西哥的出口是存在不利影响的。利马商会曾这样表示：

……问题在于，秘鲁白银流向新西班牙的同时带回了纺织品，无论是白银流出还是纺织品流入都给波托韦洛贸易活动造成了无法修复的伤害。[5]

① Moreyra, *El Tribunal*, 1956, tomo I, p. 13.
② Tandeter, "El eje", 1991, pp. 195-196; Céspedes, *Lima*, 1947, pp. 34-35.
③ Alcedo, *Piraterías*, 1883, pp. 65-66 y 152.
④ Gemelli, *Viaje*, 1976（1701）, p. 9
⑤ Moreyra y Céspedes, *Virreinato peruano*, 1955, p. 49.

太平洋贸易活动给波托韦洛交易会造成的打击仍在继续，18 世纪初举行的最后几届交易会同样如此。1710 年，利马商会法院曾这样向秘鲁总督卡斯戴尔多斯里乌斯（Castelldosrius）报告：

……有消息称，从中国来载有中国商品的法国商船将要停靠在卡亚俄的港口，还有一些来自新西班牙港口、载有西班牙商品和中国商品的西班牙商船登陆秘鲁。①

阿尔赛多也对 1722 年交易会的失败做了探讨。据他指控，秘鲁和墨西哥在那些年的贸易活动是不可避免的，因为"金银的输出以及亚洲纺织品和欧洲货底的输入是很难阻止的"。②1724 年，卡斯戴尔富尔特（Castelfuerte）担任秘鲁总督时也不得不认同阿尔赛多的观点。总督认为，1721—1722 年期间用于波托韦洛交易会的资金之所以不足与地下交易活动有关，通过这种活动，从新西班牙带来的西班牙商品和亚洲商品实现了"自由流通"。③10 年之后的 1731 年，波托韦洛交易会迎来了致命一击。虽然秘鲁总督向西班牙发货人承诺将拿出 2000 万比索用于购买商品，但最终只有一半的资金汇集到波托韦洛，另一半资金流向如下：

……由于当时向私人船只授予了航行许可，这些船只可以经太平洋前往新西班牙的港口；同样，维拉克鲁斯的"拉伊萨贝尔"号特许船所在的船队也吸引了一部分秘鲁人的资金，最终导致内陆省没有足够的资金用于波托韦洛交易会。④

自此以后，波托韦洛交易会再也无法重启了。它的衰落迫使西班牙采取新的措施重启与秘鲁之间的官方贸易。1740 年，西班牙和南美地区的贸易活动经

① Moreyra, *El Tribunal*, 1956, p. 219.

② AGI, Ramo Lima, legajo 519, expediente 147, s/n de fs.

③ AGI, Ramo Lima, legajo 411, expediente 34, s/n de fs.

④ Alcedo, *Piraterías*, 1883, p. 515.

历了深刻的结构性变革，对西班牙帝国以墨西哥为中心的半地下贸易模式产生了决定性的影响。这种情况只有在特殊的经济背景下才会出现，而且呈现出一些此前没有的新特点。

第四节　墨西哥与"自由贸易"下的合法贸易模式 （1779—1784）

1740—1778 年期间是半地下贸易模式运行的第二阶段，在这一阶段，这种模式再次陷入停滞。而造成这种停滞的原因与 1640—1680 年不同。1740 年开始，西班牙帝国进入了一个全新的贸易时期。内陆省船队以及波托韦洛交易会的取消为官方开放新的南方贸易港口奠定了条件，同时登记在册的船只成为该地区主要的贸易运输方式。在西班牙与智利以及秘鲁太平洋沿岸之间的直接贸易中，合恩角的开放对阿卡普尔科和卡亚俄之间的外国商品的地下交易路线造成了致命一击，但对布宜诺斯艾利斯港来说却是有利的。在享有多渠道的商品供给的情况下，南美不再依赖墨西哥供给外国商品。同时，维拉克鲁斯船队一直以来所享有的对资金、货物和白银流通的垄断地位也随之消失了。

西属美洲各地都会有一个官方港口用于进口外国商品，由此打破大西洋船队和马尼拉大帆船所形成的贸易垄断。在此之前，瓜达拉哈拉、维拉克鲁斯、布宜诺斯艾利斯等地都依赖墨西哥城商会和利马商会进行贸易活动。从此之后，这些地方都将进入更为自主的贸易发展阶段，从而与利马商会和墨西哥城商会一直以来在各自所在的总督区所享有的贸易垄断地位竞争。[①] 这样一来，西班牙从 1740 年开始实施的"自由贸易"政策将使以墨西哥为中心的地下交易模式慢慢解体，从此以后，只有在获得西班牙的认可和推动的条件下才能运作。在这种背景下，秘鲁和墨西哥之间的贸易模式迎来了第三个发展阶段（1779—

---

① 指 18 世纪末所经历的进程：新商会的建立，每个地区都有了得到正式承认的商会。关于瓜达拉哈拉的案例请参阅：Ibarra，"Redes de circulación"，2007，pp. 279-293. 布宜诺斯艾利斯的案例请参阅：Kraselsky，"Las Juntas"，2007，pp. 249-277.

1783）。这一阶段比前两个阶段短暂得多且呈现出新的特征：18 世纪下半叶之前，秘鲁和墨西哥之间的贸易是一种严格的半地下模式且在严格的海外贸易垄断环境下形成的，而第三阶段则处于"自由贸易"模式的背景下，伴随着新港口的开发和新的贸易路线的形成。

要强调的是，1740 年起西班牙开始实施更加"自由的"贸易政策，在这一时期，以墨西哥为中心的贸易模式已经不再是促使亚洲商品在西属美洲流动的必要条件，马尼拉大帆船路线也不再是唯一的贸易路线。随着洲际贸易路线成倍地增多，西班牙和欧洲商船尝试经大西洋或太平洋在亚洲和美洲的港口之间建立直接的贸易航线，这种尝试在很多时候是成功的。[1]

很多史料记载了亚洲商品流入西属美洲港口的新模式，这里我们参考其中两个案例。1770 年，来自孟加拉海岸的法国商船"圣胡安·包蒂斯塔"号（San Juan Bautista）抵达卡亚俄港，相关资料显示，该船载有价值约 300 万至 400 万比索的东方货物。[2] 第二个案例更晚一些。1782 年在布宜诺斯艾利斯港的圣伊西德罗（San Isidro）海岸登陆的法国商船"奥斯特利"号（L'Osterley）也同样满载亚洲商品，价值 2.2 万比索，最终这些商品被运货车送到布宜诺斯艾利斯市场上。这些商品被认为是走私品，因此被拍卖了。德拉贡内斯中尉（Teniente de Dragones）曼努埃尔·德·塞拉托（Manuel de Cerrato）认为，从印度出发前往（西）印度的航船没有办理法定手续。[3] 通过这两个案例可以看出，虽然 18 世纪下半叶，墨西哥和秘鲁之间的亚洲商品贸易活动不再运行，但并不意味着亚洲商品向西属美洲市场的出口被抑制了。相反，这一时期，美洲仍然在进口东方商品，而且进口方式不再局限于马尼拉大帆船路线。在这种背景下，西班牙和欧洲的贸易公司纷纷开始在美洲港口和印度、中国以及欧洲之间建立贸易联系，有时候这种联系是非法的。

接下来，我们分析一下贸易模式发展的第三阶段。西班牙和英国之间的海上军事冲突导致某些年里的贸易活动完全由西班牙授权和推动。1779 年，英国和西班牙开始进入战争冲突，美国正值独立战争，西班牙在大西洋的贸易活动

---

① Álvarez, "El impacto", 2007, pp. 187-214.

② Amat y Junient, *Memoria de gobierno*, 1947, pp. 211-216.

③ AGN, *Contrabando y comisos*, 11-1-8, expediente 3.

尤其是和秘鲁之间的联系受到严重影响。考虑到和美洲殖民地之间的联系有可能因此被封锁，西班牙王室决定在帝国领地内实施一种新的贸易制度来满足墨西哥和秘鲁市场的消费需求。战争期间，秘鲁市场的欧洲商品供应短缺，西班牙王室希望通过实行新的贸易政策缓解这种情况。[①]

因此，1779 年，卡洛斯三世发布了一项皇家法令，允许南美和北美经太平洋直接开展自由的贸易活动。[②] 因此，马尼拉大帆船的专属地位被打破，所有西班牙的贸易公司或个人的船只均可向西属美洲市场供应亚洲纺织品等商品。[③] 至此，上文已探讨过的自 16 世纪末以来一直存在的第一阶段的贸易模式变得合法化了。此后，墨西哥、秘鲁以及整个中美洲地区都被允许和菲律宾开展完全自由的贸易。

与此同时，在西班牙的推动下，经维拉克鲁斯流入的欧洲和西班牙商品超出了本地市场的消费能力。西班牙王室以官方的形式推动墨西哥城商人多买一些西班牙船队或登记船只带来的商品并储存在他们的仓库里，以便向危地马拉和秘鲁再出口。对此，新西班牙商会法院在 1782 年这样描述："……这些商品能在本地卖的就卖，不能卖的向各方出口。"[④] 因此：

> 向秘鲁再出口的商品是墨西哥消耗不完的商品或者卖不掉的商品。商品本身极其低廉的价格对处于战争时期的秘鲁人来说是再合适不过的。[⑤]

有必要指出的是，在从 1774 年开始的"自由贸易"时期，墨西哥和秘鲁之间的太平洋贸易路线实现了制度化，但是仅限于本地商品的买卖。白银和外国商品的流动仍然是被禁止的。直到 1779 年，受到战争的影响，加上通过合恩角前往秘鲁的登记船只所开展的大西洋贸易出现严重问题，西班牙才决定允许从墨西哥向秘鲁出口来自欧洲和亚洲的商品。[⑥]

---

① Parrón Salas, *De las Reformas borbónicas*, 1995, p. 375.

② AGNM, Correspondencia de Virreyes, volumen 127, fs. 117 r-v.

③ AGNM, Reales Cédulas, volumen 117, expediente 96, f. 1.

④ AGNM, Archivo Histórico de Hacienda, caja 18, expediente 2, f. 31.

⑤ AGNM, Archivo Histórico de Hacienda, caja 18, expediente 2, fs. 30-31.

⑥ AGNM, Tribunal de cuentas, volumen 12, expediente 35, f. 57.

墨西哥市场充斥着廉价的外国商品。1779 年的政策颁布以后，新西班牙西部港口和秘鲁之间的贸易往来自然而然地显著增多了。该路线被合法化以后，王室决定对商品征收 7% 的税，其中，2% 在商船驶离阿卡普尔科港的时候征收，5% 在到达卡亚俄港的时候征收。[①] 但是征税并没有使贸易活动减少。墨西哥市场上的亚洲商品和欧洲商品价格之低、秘鲁市场上这些商品（尤其是东方商品）之短缺使太平洋贸易路线达到繁盛水平。

虽然秘鲁和菲律宾之间有直接开展贸易活动的可能性（事实上，一些利马商人要求获得与亚洲直接通航的许可），[②] 但是大多数秘鲁商人更喜欢北上阿卡普尔科进行贸易，这背后有两大原因：第一，可以同时获得欧洲商品和中国商品；第二，新西班牙市场上的商品价格比菲律宾或中国广东的更诱人。1782 年 3 月，新西班牙总督马丁·德·马约尔加（Martín de Mayorga）自己都承认了这种情况。他表示，不可能绕过阿卡普尔科将商品从菲律宾运到秘鲁。[③]

1779—1783 年期间，20 多艘西班牙公司和秘鲁商人的船载着大量可可豆和白银前往阿卡普尔科。这些船最终返回卡亚俄、派塔、瓦尔帕莱索和科金博等地，然后便开始在南美西部的市场销售外国商品。（见表 1-7）

表 1–7　从阿卡普尔科流向秘鲁的来自亚洲、欧洲、西班牙和本地的商品的贸易量

年份	船名	路线	价值（比索）
1779	La Sacra Familia	阿卡普尔科—派塔	8 697
1781	La Favorita	圣布拉斯—卡亚俄	4 443
1782	La Balandra	阿卡普尔科—松索纳特—瓜亚基尔—瓦尔帕莱索	3 024
1782	San Juan Nepomuceno	阿卡普尔科—瓜亚基尔—派塔—利马—科金博	9 784
1782	Nuestra Señora de la Soledad	阿卡普尔科—巴拿马—卡亚俄	37 160
1782	La Aurora	阿卡普尔科—卡亚俄	179 589
1782	El Hércules	阿卡普尔科—瓜亚基尔—卡亚俄	30 033

---

① AGNM, Indiferente virreinal, caja 4972, expediente 9, fs. 7-11.

② Parrón Salas, *De las Reformas borbónicas*, 1995, p. 197.

③ AGNM, Filipinas, volumen 17, expediente 7, f. 284.

续表

年份	船名	路线	价值（比索）
1782	San Pablo	阿卡普尔科—派塔—卡亚俄	315 272
1783	Nuestra Señora de Loreto	阿卡普尔科—松索纳特—派塔—卡亚俄	118 292
1783	El Belencito	阿卡普尔科—巴拿马—瓜亚基尔—派塔—卡亚俄	144 674
1783	Santa Ana	阿卡普尔科—瓜亚基尔—派塔—卡亚俄	59 289
1783	Nuestra Señora de Belén	阿卡普尔科—瓜亚基尔—派塔	313 801
1783	Nuestra Señora de Las Mercedes	阿卡普尔科—瓜亚基尔—派塔—卡亚俄	204 795
总计			1 428 853

来源：Bonialian, *El Pacífico*, 2012, pp. 430-431.

墨西哥商会法院称，从1782年4月27日到1783年2月，短短10个月之内，墨西哥向秘鲁出口的外国商品达3000件之多，[①] 这一数字远远大于本书列出的表格中的数据。仔细观察到达秘鲁的货物可以发现，这一阶段的太平洋贸易路线所运输的商品的主要类型有"欧洲的""外国的""亚洲的""中国的""本地的""墨西哥的"。在第三阶段，墨西哥和秘鲁之间的贸易是被允许的，我们得以从利马国家档案馆藏有的一份海关文件中找到详细的信息。根据"洛雷托圣母"号（Nuestra Señora de Loreto）、"埃尔贝伦西多"号（El Belencito）、"圣安娜"号（Santa Ana）的相关资料，"欧洲的"和"外国的"这两类商品在货物中占比较大，东方商品的数量多于新西班牙本地生产的商品的数量。"洛雷托圣母号"上有张单据的收货人是利马商人佩德罗·卡西米罗·席尔瓦（Pedro Casimiro Silva），他将在皮乌拉港接收价值552比索的中国商品，所有商品一共价值1993比索。6号单据的收货人是胡安·安东尼奥·加西亚（Juan Antonio García），他将在兰巴耶克港接收货物；其中，亚洲商品价值918

---

① AGNM, Indiferente virreinal, caja 4972, expediente 8, f. 13.

比索，所有外国商品一共价值 1791 比索。"圣安娜"号 5 号单据的收货人是利马商人何塞·毛莱昂（José Mauleón）。其中，亚洲商品价值 1072 比索，西班牙和欧洲商品价值 1338 比索。[①]

我们无意对资料进行严格意义上的定量分析，但是有必要强调的是以上资料中所体现的现象。从墨西哥运出的商品的收货人很多都是利马贸易精英。也许最有代表性的是埃利萨尔德（Elizalde）兄弟的案例，他们来自利马最富有的家族，在那些年里监视着秘鲁商会的一举一动。[②] 安东尼奥和何塞·埃利萨尔德基本上垄断了"洛雷托圣母"号的货物运输，他们购买的欧洲、亚洲和本地商品价值 5 万比索。曼努埃尔·布兰科（Manuel Blanco）在商会中身居要职，也从墨西哥购买了 5.7 万比索的商品，其中只有 2600 比索是亚洲商品。此外，还有其他案例。从墨西哥运往秘鲁的亚洲商品的类型是我们需要关注的一个重点。引人注目的是，纺织品种类繁多，日本印花布（quimon）、手绢、长筒袜、各种质量的丝绸应有尽有，这种情况再次印证了我们的猜想：亚洲商品的消费涉及非常广泛的社会阶层。

太平洋上亚洲商品和欧洲商品的运输达到了非常大的规模，最终使墨西哥城商人产生警觉。1783 年初，墨西哥城商会意识到，墨西哥对秘鲁的出口量之大已经到了难以控制的程度。很多自称是秘鲁人或西班牙人的墨西哥城商人到商会法院申请商品出口许可证。从 1782 年 10 月到 1783 年 2 月，短短 5 个月之内，商会法院一共授予了 18 个出口许可证。[③]

在以墨西哥为中心的贸易模式到达顶峰之时，新的贸易模式开始变得活跃。过量的外国商品从墨西哥流入秘鲁造成墨西哥本地市场商品短缺，价格升高。表面上看，价格的升高对主要的供货人——墨西哥城仓库主有利。但事实上，如果商品短缺成为墨西哥的常态，那么西班牙商人将会在贸易中占据有利地位。因此，墨西哥城商人总想在过量供给和供给不足之间寻找平衡点，在商品贬值和升值之间寻找平衡点，这意味着将西班牙人和秘鲁人排除在新西班牙内部市场之外。

---

① 案例详情请参阅：ANL, Aduana, Paita, C 16, 1193-92, s/n de fs.

② Villa Esteves, "Liderazgo y poder", 2000, pp. 133-174.

③ AGNM, Indiferente virreinal, caja 4972, expediente 8, fs. 28-144.

这样看来，太平洋上的自由贸易路线损害了新西班牙人的利益。因为没有节制的商品出口只会给墨西哥带来和秘鲁一样的问题——商品短缺。因此，墨西哥城商会向卡洛斯三世报告称，彻底取消西属美洲在太平洋路线上的贸易活动。1783 年 9 月，（西）印度议会同意了这一请求，宣布重新实行 1774 年的法令。因此，秘鲁和墨西哥之间只允许买卖本地生产的商品。[①]

在这种复杂的贸易体系运作的短短几年中，我们很难准确了解白银的出口情况，唯一可以找到的确切数据是战争期间的两年向东方出口的白银数量。显然，在开放贸易的这些年里，马尼拉大帆船满载而来，同时也有越来越多的美洲白银流向东方，而且这些白银超过了西班牙官方许可的 150 万比索的限额。新西班牙方面对阿卡普尔科港的商品交易会上的资金所做的记录有很高的可信度。仅 1779 年 2 月就有 2 071 118 比索作为用来交换亚洲商品的资金流入阿卡普尔科港。[②]1784 年，从阿卡普尔科港流出的白银数量非常惊人。1784 年 1 月 25 日到 3 月 16 日，共有 4 207 918 比索的白银汇集到阿卡普尔科港。[③]

第五节　小　结

西属美洲不同地区间的亚洲商品的贸易活动持续了 3 个世纪之久。亚洲商品的交易绝不只是西班牙帝国的海外贸易版图上的辅助元素，它是海外贸易路线中至关重要的组成部分，不仅推动了贸易活动的发展，也是促成贸易活动的基本前提。亚洲商品在西属美洲不同地区间的买卖和流通可以分为三个阶段：1580—1640 年、1680—1740 年和 1779—1784 年。在 1640—1680 年期间和 1740—1779 年期间，这种模式没有运作。亚洲商品的流通网络既包括非官方路线，也包括官方路线。但是，它的运作不依赖于政策或官方授权，而是贸易的参与者们的创造力赋予了它力量，而这些人所建立的贸易网络对法律形成了挑战。换句

---

① AGNM, Archivo Histórico de Hacienda, caja 18, expediente 2, fs. 117-129.

② AGNM, Indiferente virreinal, caja 4301, expediente 58, fs. 3.

③ AGNM, Indiferente virreinal, caja 5584, expediente 65, fs. 48 y 63.

话说，这一贸易结构中的很多参与者本身就是商会成员，但是，他们在制度框架之外开展的非官方的贸易实践才是西属美洲内部开展贸易活动的动力。

看似没有联系、相互独立的历史现象和实践在西属美洲乃至全球的贸易体系中发挥着重要作用。太平洋贸易路线和大西洋贸易路线是相互联系、相辅相成的。马尼拉大帆船、维拉克鲁斯船队、墨西哥与秘鲁之间的贸易活动三者相互联系和相互促进，在 1740 年之前对内陆省船队的贸易活动产生了消极影响。在这种背景下，一个极其畅通的人员、商品和贵金属的流通网络逐渐形成。经济网络开始呈现出全球性特征，来自新西班牙、西班牙、秘鲁和菲律宾的商人们相互合作，西班牙帝国内各个地理区域逐渐形成了一个贸易整体——合法和非法贸易组成的经济集合体。与此同时，这种贸易结构也依赖并推动了"珍宝船队之路"本身的发展。从这种意义上讲，"珍宝船队之路"之所以在 3 个多世纪里持续存在也就不足为奇了，因为以墨西哥为中心的贸易模式本身就有利于"珍宝船队之路"的发展，即使是在 18 世纪中叶，当这种模式对西班牙和秘鲁之间的贸易产生了显著影响的时候，同样也在推动"珍宝船队之路"的发展。

在墨西哥交汇的大西洋贸易路线和太平洋贸易路线两者之间与其说是竞争关系，不如说是互补关系。在商人们意识到消费模式的多样性以后，这两条路线的重要性得到进一步提升。整体来说，这种模式之所以得到显著发展是因为通过大西洋和太平洋进口的商品满足了两类消费者的需求：欧洲商品针对的是新西班牙社会的精英圈层，亚洲商品则主要针对中下层社会群体。从这种意义上讲，西班牙指责马尼拉大帆船是美洲白银流向东方的通道也就不足为奇了。但是，西班牙忽略了大批白银流向菲律宾背后的最重要的原因——普通的中国商品在西属美洲的消费者来自广泛的社会阶层。亚洲商品对西属美洲的经济和社会产生的影响之深是我们难以想象的。

这种模式表明，西班牙王室对美洲采取防卫和被动战略的同时，美洲殖民地也以主动进击的战略来回应对方，以求打破西班牙人对贸易的垄断。但直到 18 世纪下半叶，波旁王朝才具备打击这种贸易活动发展的能力，在贸易改革的大环境下设立了一些新的港口参与官方贸易，限制了墨西哥城商会和利马商会一直以来对外国商品在西属美洲市场的垄断贸易。从这个意义上讲，以墨西哥为中心的贸易模式在第三阶段（1779—1784）的短暂几年里得到正式认可是情理之中的事，因为这时候西班牙有足够的力量对其进行监管和控制。

事实上，西班牙所有的贸易参与者都认可这种模式的存在。其中，西班牙发货人扮演着重要角色，他们对波托韦洛船队的消极行动，对这种模式产生了尤其重要的影响。比起前往内陆省的船队，西班牙人更看重维拉克鲁斯船队，不仅是由于新西班牙市场的引力作用，也因为这些商品可以经太平洋到达中美洲和秘鲁。西班牙人任由这种模式发展加上波托韦洛帆船的频次之少使南美大陆的走私现象比新西班牙官方记录的情况要频繁。因此，有必要探究 17 世纪以及 18 世纪上半叶布宜诺斯艾利斯贸易活动增强的相关背景。

这种模式的运作对西班牙帝国的地缘政治舞台造成了什么样的影响？显然，这种贸易结构运行的时候，西班牙帝国的权力关系和地缘政治格局发生了深刻改变。在航海贸易中，墨西哥拥有优越的地缘政治地位，对亚洲和欧洲的经济产生强烈的引力效果，在全球贸易中扮演着非常重要的角色。墨西哥成为西属美洲进口外国商品的最重要的中心门户，同时也是储存外国商品并转销到中美洲和秘鲁的主要仓库。同时，从墨西哥出发的航线是白银走向世界的主要路线，白银流向世界的过程对亚洲和欧洲经济的发展至关重要。墨西哥是连接两大洋贸易路线的中心要素，在墨西哥的参与下，前所未有的真正的全球贸易网络得以建立，三个大洲的经济也被联系在一起。

在墨西哥与秘鲁之间的贸易联系中，墨西哥占主导地位。1740 年，西班牙和波托韦洛之间的直航路线——著名的内陆省船队路线出现危机，秘鲁对墨西哥的贸易依赖因此得到进一步巩固和加强。在第一阶段，西班牙在它和秘鲁的贸易中拥有的主导地位逐渐下降。第二阶段，随着内陆省船队的终结和波托韦洛交易会的取消，西班牙和秘鲁的贸易联系也消失了。西班牙只通过维拉克鲁斯船队和墨西哥保持有规律且稳定的贸易往来，失去了对和秘鲁之间的贸易活动的控制。因此，在这种贸易结构运作的阶段，西班牙失去了其一直以来作为西班牙帝国的政治和经济中心的"天然"中心位。在某种意义上，西班牙就像被排除在海外贸易整体框架之外的一个"殖民地"或小岛。在这种情况下，西班牙的贸易垄断措施难有施展之地，且严重依赖其他地方，受到各种条件的限制。因此，墨西哥和秘鲁的贸易公司以及殖民地的官员们开始合起伙来在西属美洲打造自己的贸易模式。

第二章

中国丝绸在西属美洲的贸易路线

……多少人看似清醒，却已昏睡！

多少人无栖息之所，却安然入眠！

多少穷人一药不施，仍健康无恙！

多少富人良药服尽，也病难痊愈！

多少穷人良绸加身！

多少富人粗布蔽体！

多少富人干啃馒头！

多少穷人山珍海味！

多少穷人衣冠整洁！

多少富人邋里邋遢！

多少人身无敝履！

多少人尽享荣华！

——马特奥·罗萨斯·德·奥肯多（Mateo Rosas de Oquendo）①

① 马特奥·罗萨斯·德·奥肯多：《秘鲁见闻讽刺诗》，1598 年。节选自霍拉西奥·豪尔赫·布雷科主编《西班牙美洲殖民地诗集》，1990 年，第 87 页。加拉加斯阿亚库乔图书馆藏。

　　19 世纪末，德国地理学家费迪南·冯·李希霍芬（Ferdinand Freiherr von Richthofen）讲述了他的一个重要发现：从公元前 114 年到公元 127 年间，存在一个巨大的中国与中亚、中国与印度的贸易路线网。这张贸易网的核心支柱是中国丝绸，在贸易路线经过的所有市场它都是最受欢迎的物品。中国丝绸对贸易网络的性质和发展造成的影响如此之深，李希霍芬便将这条繁荣无比的贸易文化之路称为"丝绸之路"（Seidenstrasse）。[①] 毫无疑问，"丝绸之路"见证的是一段波澜壮阔的历史。也许它是人类历史上持续最久的贸易进程，见证了多个帝国的兴衰。丝绸之路代表着一段"伟大的历史"，它见证了它所覆盖的辽阔土地上所发生的丰富的故事，各方之间的文化和经济联系达到了前所未有的强度。

　　从广义上讲，"丝绸之路"指的并不是只发生在特定时期、特定地理范围内的一段偶然的历史进程。东西方之间的丝绸之路是一个持续的路线，西属美洲也在殖民时期的 200 年中建立了以东方丝绸为中心的巨大的贸易网络，这张巨网实际上包含了整个西属美洲的土地。抛开两地在时间和空间上的距离以及在文化和经济要素方面的不同，本书旨在探讨西属美洲"丝绸之路"的基本框架、核心内容以及最突出的特点。为了更好地了解这一点，有必要提醒读者的是：从 16 世纪末到 17 世纪初，西班牙王室颁布了一些严格限制中国丝绸流入阿卡普尔科的法令，并且完全禁止中美洲和秘鲁非法购买中国丝绸。[②] 西属美洲的中国丝绸之路并未得到当时的官方认可。它是一种非官方的贸易体系，是

[①] Freiherr von Richthofen, Ferdinand, *China. Ergebnisse Eigener Reisen*, Berlín, 1877-1905.

[②] 1593 年，西班牙颁布法令，每年只允许两艘载重不超过 300 吨的马尼拉大帆船通过太平洋航线进行贸易；不再允许西印度群岛和中国之间自由贸易，阿卡普尔科是唯一可以与东方进行贸易的港口，新西班牙不可以和西属美洲的其他殖民地之间交换东方纺织品。同年，中国与秘鲁之间的直接贸易也被禁止。有关信息请参阅：Prohibición de ir navíos del Perú a China", 1593, AGI, Patronato, 25, R. 56. 关于在西属美洲内交易中国商品的法律细则，请参阅：Escalona, Gazophilacium, 1775, fs. 160-189.

西属美洲的大小商人、官员和消费者共同参与的产物。

因此，第二章介绍的主要是非官方的贸易实践。本章分为两部分，第一部分重构这一贸易实践的地理路线图，研究各港口、市场和城市在这一过程中所扮演的经济角色；第二部分探讨美洲"丝绸之路"的形成和发展的主要原因。

第一节　丝绸之路：从菲律宾到布宜诺斯艾利斯和智利圣地亚哥

1565 年，马尼拉大帆船在乌塔内达（Urdaneta）的带领下首次成功回航阿卡普尔科，从那时候起到 1750 年的这段时间，卡洛斯三世尚未颁布"自由贸易"法令，中国丝绸之路贯穿美洲大陆的大部分地区，它一直以来焕发着的活力使其像一个重要节点一样推动着美洲大陆各地之间的联系。中国的丝绸在菲律宾装船，在墨西哥、危地马拉、巴拿马、厄瓜多尔和秘鲁流通和消费，其中很大一部分到达智利的圣地亚哥和阿根廷的布宜诺斯艾利斯和科尔多瓦等南美洲最靠南的城市。

亚洲和西属美洲是中国丝绸之路这条国际航线的参与者。其中，亚洲有中国广东、菲律宾甲米地等远东口岸的参与，而西属美洲的几乎所有口岸都有参与。这是一张非常广阔的海陆线路网，连接着港口、城市、乡村、谷地、平原、山川和河流，在各种交通工具的完美配合下实现丝绸的运输。丝绸先通过马尼拉大帆船运送到美洲，然后换装到中美洲或秘鲁太平洋沿岸的航船上，然后再用小船和小艇通过狭窄的河道运送到离城市中心较远的地区。上岸后，人们用骡子、驴、木轮车运送，或者直接由奴隶和印第安人用袋子和箱子运送。不管是通过交通工具运输，还是人力运输，都是为了把丝绸运到各总督属地以及各种经济状况的地区。

从菲律宾出发，中国丝绸到达了美洲西海岸的圣地亚哥以及东海岸的布宜诺斯艾利斯。只有了解了中国丝绸的流通和消费过程，才能真正理解这条路线独特的历史意义。有历史文献把东方纺织品泛称为"中国服装（ropa de la

China)"。① 这个词特别指的是各种各样的东方丝绸：未加工过的生丝；加工过的有散的、成卷的、成衣。要知道，由"中国船"带来的所有商品中，丝绸是西属美洲社会需求量最大的。② 这条路线上运输和消费的丝绸类型有真丝缎（raso）、碎花缎（pitiflor）、锦缎、北京布（pequín）、萨雅裙（Saia Saia）、织锦（brocado）、平滑天鹅绒、绣花天鹅绒（terciopelos）、罗缎（gorgorán）、塔夫绸、丝绸床单、平滑裙内衬（pollera）、绣花裙内衬、长袍（bata）、日本印花布、衬衣、长筒袜、腰带和手帕等。③

中国丝绸在西属美洲市场上的日渐增多是那段时间西属美洲市场参与全球化进程的体现。以更广阔的视野来看，西属美洲市场是国际贸易网络的一部分。对那段时间来说，全球性的贸易活动是以地方和区域贸易体系为基础的。换句话说，如果没有中短距离的陆地运输或者太平洋沿岸的近海运输，中国丝绸就不可能到达那么远的地方。其中，近海运输到达的是一些官方贸易不太触及的港口。因此，中国丝绸要实现大规模流通，必须借助殖民地之间、地区之间的小规模的贸易路线，和本地的产品或其他国家的产品一起运输。

通过丝绸之路运来的商品种类多样，有中国的丝绸类纺织品和印度的非丝绸类纺织品（棉质）：彩色棉纺布、亚麻布、印花布、毯子、条纹花布和纱。也有瓷器、钉子、调味料、香料和各种家具用品，尤其是帐子、写字台、床、屏风和一些宗教仪式用具。这并不是全部。某些大件或贵重的物品，如写字台、床等商品在经济发达、人口稠密的城市很受欢迎，比如墨西哥城和利马。

除丝绸之路运来的商品之外，西属美洲市场上的第二大类商品是欧洲的纺织品、瓷器和家具。得益于大西洋船队制度，这些商品经维拉克鲁斯港和波托韦洛港流入美洲。④ 这些商品在大西洋沿岸港口举办的交易会上卖出后，将开启

---

① 新西班牙的案例可参阅 Abreu, *Extracto*, 1977。秘鲁的案例可参阅：Moreyra Paz-Soldán, *El Tribunal*, 1956.

② 某匿名人士在访问阿卡普尔科时记载，1702 年的马尼拉大帆船带来的全是丝绸，见 Villar, *El contrabando*, 1967, p. 29.

③ AGNM, Indiferente virreinal, caja 3552, expediente 26, fs. 2-3；AGI, *Quito*, 170, expediente 1, fs. 224-256.

④ 外国走私活动也进口此类商品。

它们的陆上运输之路并和中国丝绸在美洲太平洋海岸的销售路线交汇。[①] 最终，墨西哥和中美洲本地生产的商品也和东方丝绸一起经太平洋路线开始它们的第二段航程，这些商品主要有蓝色颜料、墨水树、沥青、焦油、烟草、木材和新西班牙本地的纺织品。下文将会提到，东方丝绸在向南部流通时会被伪装成新西班牙商品。

这些货物将和南美商船运往墨西哥的货物进行交换。从南美运来的货物有：万卡韦利卡的水银、瓜亚基尔的可可豆、秘鲁和智利的葡萄酒以及最重要的秘鲁白银。[②] 其中，秘鲁白银是我们理解丝绸之路真实规模的一把标尺。我们可以把"白银之路（ruta de la plata）"理解为逆向的中国丝绸之路，白银是出售丝绸等货物的所得。这些白银从波托西运往利马，从利马运往墨西哥，最终由马尼拉大帆船运往菲律宾和中国广东。但是，下文我们将会发现，亚洲商品在西属美洲的流通范围比同一路线上白银的流通范围大，也就是说购买亚洲商品并不一定要用白银。围绕丝绸之路有很多种交易方式。

经常有商人、政府官员和宗教人士等往来于这条路线的不同路段，就连菲律宾总督也通过"中国船"来到美洲；同样，多位秘鲁总督也从墨西哥出发或中转在太平洋航线上航行。（见图 2-1）这些人中除了社会上层人士，也有以墨西哥和秘鲁为目的地的中国、日本和印度的奴隶。例如，1613 年左右利马有 114 名亚洲奴隶，主要从事家庭服务或者补袜底和开领口的工作。其中很多奴隶来自马尼拉，目的地是利马。[③] 可以说，丝绸之路使东方人皈依基督教成为可能，同时也开启了其他文明学习关于中国知识的途径。在从墨西哥到菲律宾，从秘鲁到墨西哥，从布宜诺斯艾利斯或圣地亚哥到利马的路上——伟大的中国丝绸之路的一部分——有很多传教士和信徒，特别是耶稣会教徒，去时怀着在东方传教的愿望，回来时则把东方的不同文化、宗教信仰和财富带回美洲

---

① 有关殖民早期（16 世纪初）的资料请参阅：Spate, *El Lago*, 2006, p. 288. 殖民晚期的资料请参阅：Bonialian, *El Pacífico*, 2012, pp. 305-340.

② Azcárraga y Palmero, *La libertad de comercio*, 1782, pp. 74-75; Bonialian, *El Pacífico*, 2012, pp. 315-350.

③ Contreras, *Padrón*, 1614, fs. 237-246.

大地。^①

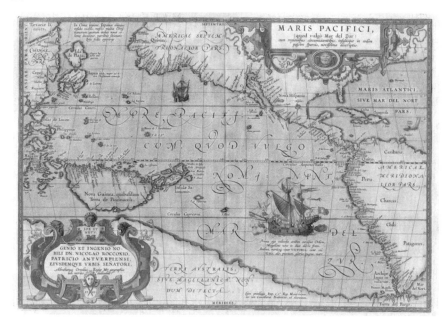

来源：Van den Broecke，*Ortelius Atlas Maps*，12.

图 2-1　太平洋示意图^②（作者：Abraham Ortelius，1598）

　　西属美洲的"丝绸之路"的存在让我们意识到，西属美洲的经济发展并不局限于和欧洲大西洋沿岸的往来。中国经济在几个世纪里的辉煌景象在美洲大地上留下了非凡的影响，中国丝绸之路也许最能体现中国和美洲之间持久而稳固的联系，这种联系紧密、持久、地理范围广，对西班牙和新西班牙总督区、秘鲁总督区之间的贸易构成了"威胁"。

　　西属美洲的中国丝绸之路始于著名的"中国船"，也叫"马尼拉大帆船"。丝绸这种珍贵面料由大量的中国船只（los champanes）或欧洲船只运到菲律宾的集市（parían）——菲律宾的官方贸易市场——进行交易，再从菲律宾群岛的

---

　　① 请参阅 18 世纪初 Nyel 和 Taillandier 两位信徒的案例；en Zermeño，Cartas edificantes，2006, pp. 61-108. 还可参阅"Noticias de los jesuitas sobre la religiosidad en China（1638-1649）"，AHN, Diversos-Colecciones, 27, N.14, fs. 1-4.

　　② 本插图系原文插附地图。

甲米地港被转运到马尼拉大帆船上。[①] 大量丝绸被装入大帆船船舱，受到季风、洋流或战事等的影响，运输时间为 4 到 6 个月不等，最终到达新西班牙的阿卡普尔科港。菲律宾和阿卡普尔科之间运输量最大的货物是丝绸，其次是肉桂。在 17 世纪上半叶，菲律宾总督察格劳·蒙法尔康（Grau Monfalcón）发布了一份马尼拉大帆船所载货物的清单，马尼拉大帆船里所装的货物几乎全是各种各样的中国丝绸：

> 从菲律宾来的货物分为五大类：第一类是丝线、丝线团。第二类是丝织品。第三类是棉纺织品。第四类是菲律宾的水果。第五类是巫术产品和带到菲律宾的其他产品。[②]

丝绸原材料或丝绸制成品，占"中国船"所载货物的前两位。中国丝绸因具有轻薄、舒适、易运输、高利润和消费量大的优点，被藏于马尼拉大帆船中，被非法进口到墨西哥的频繁程度在整个殖民时期都非常令人吃惊。[③] 这一点能在很大程度上解释为什么西属美洲存在广阔的中国丝绸之路。数量巨大的中国丝绸进入阿卡普尔科，不仅大大满足了新西班牙大众的需求，而且，如同"瀑布"一般，倾泻到西属美洲的各级市场上。马尼拉大帆船有如此大的能量，不仅满足新西班牙的需求，甚至能满足中美洲、秘鲁以及殖民地南部的需求。后面我们将分析西属美洲的中国丝绸之路成功的几个主要原因。

中国丝绸由中国船运到阿卡普尔科港之后，阿卡普尔科便会举行贸易交易会。从 17 世纪初开始，阿卡普尔科便成为西属美洲唯一被授权开展进口商品贸易活动的港口。前来参加交易会的除了来自墨西哥城、普埃布拉、瓦哈卡和巴希奥（el Bajío）的大商人[④]，也有菲律宾商人和秘鲁商人。其中，秘鲁商人往往把船停在交易会附近的马克斯（Marqués）、锡瓦塔内霍、瓦图尔科，在那里他

[①] Montero Vidal, *Historia general*, t. Ⅱ, 1887-95, p. 120.

[②] Grau Monfalcón, "Memorial（sin fecha"）1866, p. 470.

[③] Abreu, *Extracto*, 1977, p. 319；"Memorial del Consulado de Sevilla"（1714）, AGI, México, 2501, s/n de fs.

[④] Yuste, *Emporios*, pp. 277-290

们用可可或白银提前买到珍贵的中国丝绸。①

　　交易会结束之后，满载中国丝绸的商船可能沿着两条路线继续航行。在第一条路线中，脚夫或者经销商用骡子队把丝绸运到墨西哥城。这些物品可以在那里销售，也可以暂存在那里，供以后分销到新西班牙总督辖区内的其他市场。实践这一过程的墨西哥城大商人们被称为"仓库主"，他们非常热衷于参与这条路线，这样既保障亚洲商品在墨西哥城供应充足，又垄断了总督区内的分销路线。②第二条线路是从阿卡普尔科出发，不经过墨西哥城，直接向新西班牙的其他地区以及中美和南美地区运送。第二条路线中，有些商品被停靠在阿卡普尔科附近的秘鲁船只买下，有些被新西班牙商人买下并通过他们的代理向南部市场运送。需要指出的是，第一条路线远比第二条路线的使用频率高。阿卡普尔科港和墨西哥城之间的路线被称为"中国之路（el camino de la China）"或者"亚洲之路（el camino de Asia）"，恰恰说明了第一条路线的重要性。③

　　可以确定的是，或经墨西哥城转运，或直接从阿卡普尔科出发，中国丝绸呈扇形辐射被运送到新西班牙的一些重要城市，如瓜纳华托、克雷塔罗、莫雷利亚、普埃布拉、圣路易斯波托西、瓦哈卡和维拉克鲁斯等。在这些城市中，尤其需要强调的是普埃布拉、墨西哥城、瓦哈卡和维拉克鲁斯。④前两个城市以发展丝织品制造业著称。很多不同种类的中国丝绸，如原丝、线团、轴线、松丝线等，被运送到那里的作坊进行加工，然后销售到墨西哥或者秘鲁。对于新西班牙各类服装的加工来说，东方来的丝绸比神秘的西班牙面料更受欢迎，因为东方丝绸更均匀、干净，易于加工成轻薄平整的纺织品，东方丝绸为纺织业提供了原材料，带动了超过 1.4 万的纺织工人参与到纺织品加工中。⑤

---

　　① Gemelli, *Viaje*（1701），1983, pp. 28-29; Robles, *Diario de Sucesos*（*1665-1703*），1946, t. Ⅱ, pp. 299-311. 为了到达这里，秘鲁商人向港口当局行贿。请参阅："Cartas y expedientes de don Juan José Veitia Linage", AGI, México, 825, s/n de fs. También agnm, *Indiferente virreinal*, caja 747, expediente 40, fs. 2.

　　② Bernal, "La Carrera", 2004, pp. 485-525. Yuste, *Emporios*, 2007, p.50.

　　③ Serrera, "El camino de Asia", 2006, pp. 211-230.

　　④ 请参阅存放于墨西哥国家档案馆的 1779 年新西班牙总督区的中国丝绸和货物清单，Indiferente virreinal, volumen 1109, expediente 1.

　　⑤ Grau Monfalcón, "Memorial（sin fecha）", 1866, pp. 470-474.

瓦哈卡虽然也消费中国丝绸，但是当地代理商人更倾向于把中国丝绸储存起来以便转销到危地马拉和秘鲁。从阿卡普尔科运到维拉克鲁斯的中国丝绸有着特殊的意义：大部分的丝绸会通过加勒比海运往哈瓦那，一部分会运往加拉加斯，从那里进入新格拉纳达地区，极少一部分会运往西班牙。[①] 通过维拉克鲁斯—伊比利亚半岛这条大西洋航线运往西班牙的丝绸数量很少，因为西班牙更倾向于从设立在东方的欧洲公司那里获取丝绸。[②]

从太平洋沿岸的某个新西班牙港口或从墨西哥储货商手里买到中国丝绸之后，危地马拉和秘鲁的船队便返回太平洋沿岸的港口。危地马拉的船通常航行到松索纳特、阿卡胡特拉（Acajutla）、雷亚莱霍或巴拿马。[③] 秘鲁的船队会继续航行到巴拿马、瓜亚基尔、派塔、卡亚俄、科金博（Coquimbo）或瓦尔帕莱索。值得注意的是，从头到尾完成整个海上航行的并非同一条船，中国丝绸像"邮包"一样和驿站里其他地区的很多货物聚集在一起，从这一艘船转移到另一艘船。[④]

此外，中国丝绸从墨西哥城运到危地马拉，靠的是被地方官员合伙支持的商人们所建立的陆路运输网络。由于中国丝绸可以先通过陆路从新西班牙运到危地马拉，秘鲁商船可以不经新西班牙西海岸港口而直接在中美洲海岸买到中国丝绸。[⑤]

美洲各地的参与给了丝绸之路生机。不管是来自墨西哥城商会和秘鲁商会的很有名望的富商，还是来自西属美洲偏远地区的中小商人，都在这一过程中扮演了重要角色。此外，总督、地方长官、皇家官员、港口督察、牧师、船长、代理商、中间商、印第安人以及奴隶们都在这个贸易网络中和这些商人展开合

---

① 中国丝绸如同当地生产的商品一样通过卡塔赫纳被销售到新格拉纳达王国，详情可参阅："Cartas y expedientes: Tribunal de Cuentas de Santa Fe（1612）"，AGI, Santa Fe, 52, N. 84, fs. 1-32.

② 关于委内瑞拉的记录可参阅：Arauz Monfante, *El contrabando holandés*, 1984, p. 178. 例如，1718 年一位新西班牙商人向菲律宾总督要求归还 1.8 万比索，理由是一批从维拉克鲁斯运往欧洲的丝绸"由于不被喜爱而最终没有卖出去"。AHNM, Diversos-colecciones, 43, N°19, fs. 1-3.

③ "Pleitos de la Audiencia de Santo Domingo（1607）"，AGI, Escribanía, 3B, s/n fs.

④ Schurz, "México, Perú", 1918, pp. 394-397.

⑤ Rubio, *Historial*, 1975, pp. 256-260.

作或竞争，社会的各个阶层都参与了中国丝绸之路的发展。①

我们接下来说到的是另一段航线：中美洲到南美洲的航线。（见图 2-2）在豪尔赫·胡安（Jorge Juan）和安东尼奥·德·乌尤阿（Antonio de Ulloa）合著的《秘闻》（*Noticias Secretas*）一书中可以找到中国丝绸流通的有力证据。这两位水手见证了 18 世纪 40 年代中国丝绸的流通。那时候，将中国丝绸从新墨西哥运往秘鲁是被禁止的。他们讲述了依靠地区间的联系如何将中国丝绸运往南美大陆。

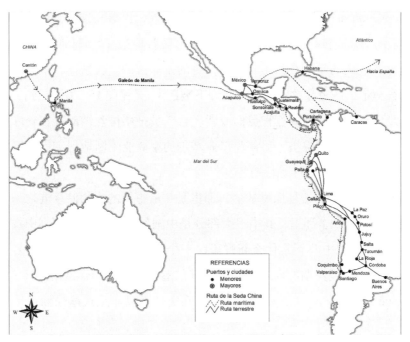

来源：自制，电子版：埃米莉娜·纳瓦·加西亚（Emelina Nava García）

图 2-2　中国海上丝绸之路拉美路线图②

首先，乌尤阿描述了巴拿马在中国丝绸之路中的作用。巴拿马在帝国的核心位置，又是"门户"，来自新西班牙的中国丝绸会被运送到这里。但是，乌尤阿认为，这些从新西班牙运来的丝绸"在巴拿马没有市场，因为巴拿马有很

---

① Bonialian，*El Pacífico*，2012，pp. 340-344.

② 本插图系原文插附地图。

多港口，通常只对其中某几个品种的丝绸有需求"。^① 17 世纪初，巴拿马主要被当作中国丝绸从墨西哥运到秘鲁的中转站。^② 巴拿马是两条运输路线的交汇点，一条是从墨西哥方向来的中国丝绸之路，另一条是从西班牙方向来、用波托韦洛大帆船将欧洲的布料等纺织品运到拉美的路线。作为前往大西洋的门户，巴拿马近水楼台，最先获得欧洲的面料和织物，它不仅是消费中心，更是墨西哥和秘鲁之间中国丝绸贸易的中转门户。有时，在秘鲁各港口被扣留的中国丝绸会被运到巴拿马，依照规定会在那里装船运回塞维利亚交易所（Casa de Contratación de Sevilla）。不过，在被运走之前，巴拿马市场也会消耗掉一部分。^③ 海上航线汇聚于此，把巴拿马变成了藏匿各种东方丝绸和欧洲丝绸的理想场所，这些丝绸的转运有的是合法的，有的是非法的。就这样，东方丝绸不知不觉地被运走，或者在政府官员的默许下被运走。《秘闻》一书记录到，巴拿马商人、新西班牙的代理商、官员们或者教会人员把中国丝绸储存在仓库里、商行里、家中或者修道院里，秘鲁和瓜亚基尔的小商船不断地把它们从巴拿马走私到南美太平洋沿岸地区进行销售。^④

货物运送的下一站是瓜亚基尔，那里是"最主要的货物储存港之一……有大批中国货物运到了那里，其中一大部分是中国丝绸"。^⑤ 乌尤阿书中提到的这些内容在 18 世纪中叶不是什么新鲜事。一个世纪之前，就已经有很多从新西班牙来的运送中国丝绸的商船到达瓜亚基尔港。西班牙律师索洛萨诺·佩雷拉（Solárzano Pereira）本人证实，中国丝绸确实一直以非正式途径涌入瓜亚基尔

① Juan y Ulloa, *Noticias*（1747）, 1991, pp. 204-205.

② 请参阅 17 世纪初（1606—1610）巴拿马审问院（Audiencia de Panamá）主席弗朗西丝科·巴尔韦德·德·梅尔卡多（Francisco Valverde de Mercado）抱怨中国丝绸充斥巴拿马市场的信件；en AGI, Panamá, leg. 15, R. 8, N. 87; leg 15, R. 7, N. 58; leg. 16, R. 2, N. 22; 45, N. 70.

③ "Real Cédula a los oficiales reales de Lima, para que hagan cargo al situado de Panamá de veintitrés mil setecientos sesenta y nueve pesos, que produjo la venta en Panamá de veintisiete fardos de ropa de China que ellos habían dirigido para su remisión a la Casa de la Contratación de Sevilla（1714）", AGI, Panamá, 232, L. 11, fs. 101-102.

④ 请参阅 1716 年发生在迪尔格（Dilg）的代表性事件，"The Collapse", 1975, pp. 34-35.

⑤ Juan y Ulloa, *Noticias*（1747）, 1991, pp. 205 y 227.

港。① 1608 年，基多审问院（Audiencia de Quito）向西班牙国王报告了关于"中国丝绸消费量大"的相关信息。② 如果瓜亚基尔港管控严格，从墨西哥或者中美洲来的商船就会开往"阿塔卡梅斯（埃斯梅拉达省）、别霍港、曼塔、圣埃伦娜"等港口，再从那里开往瓜亚基尔。③ 瓜亚基尔和中美洲太平洋沿岸的港口一样都是中国丝绸的仓库。中国丝绸在瓜亚基尔港下船之后，会被分销到各个城市中心和附近的市场上，因为：

……其中一部分在瓜亚基尔被消费，另一部分被运到了基多省，并且被运到了基多审问院所管辖的所有地方进行零售和消费，还有一部分被运到了秘鲁，在那里，丝绸同样被分销，量大的时候就会被运到利马。④

瓜亚基尔市场消费中国丝绸的能力有限，因此运到瓜亚基尔的丝绸大部分会被转运到海拔更高的基多及其周边地区。运到那里的中国丝绸数量非常大，除了能满足基多的需求，还能供应到派塔港、皮乌拉或者利马。派塔港位于瓜亚基尔以南，合法交易很少触及这里，有很多新西班牙和巴拿马的商船把中国丝绸运送到那里，以逃避卡亚俄的海关检查。⑤ 1740 年左右，有两艘船停靠在了派塔港——从巴拿马来的"天使"号（Los Ángeles）商船和从新西班牙来的"罗萨里娅"号（La Rosalía）商船。这两艘船都装载了大量的中国丝绸，准备运往利马，并且"等着不断到来的骡队慢慢将丝绸运到利马"。那些负责运送的商人"不用带从皮乌拉到利马的商品许可证，商品许可证只由他们其中一个人看管"。⑥

但毫无疑问的是，卡亚俄港是所有从阿卡普尔科或中美洲来的丝绸商船的

① 请参阅：Solórzano, *Política*,［1647］, tomo Ⅰ, p. 20.

② "La Audiencia de Quito sobre diversos asuntos（1608）", AGI, Quito, 9, R. 11, N. 82 bis, s/n de fs. También, AGI, Quito, 9, R. 11, N. 80, s/n fs.

③ Juan y Ulloa, *Noticias*（*1747*）, 1991, pp. 205-206.

④ 同 ③208.

⑤ 关于殖民地早期的情况，请参阅 Macleod, "Aspectos de la economía", en *Historia*, 1990, p. 182. 关于 1680 至 1740 年的相关信息，请参阅：Bonialian, *El Pacífico*, 2012, pp. 315-331.

⑥ Juan y Ulloa, *Noticias*（*1747*）, 1991, pp. 214-215.

理想靠岸港。利马一度成为南美洲主要的东方纺织品消费市场。1619 年，当时的新西班牙总督，即后来的秘鲁总督（任期 1622—1629 年）瓜达尔卡萨尔（Guadalcázar）侯爵迭戈·费尔南德斯·德·科尔多瓦（Diego Fernández de Córdoba）在给国王的信中说，尽管有禁令存在，依旧有船只载着白银从卡亚俄港到阿卡普尔科港购买中国丝绸。① 17 世纪初，马丁·德·穆鲁亚（Martín de Murúa）修士将利马描绘成一个名副其实的贸易中心："行人商人如织，来自欧洲、印度、墨西哥和中国的货物一应俱全。"②

16 世纪下半叶，秘鲁被允许进口中国丝绸，到了后来，秘鲁被完全禁止进口中国丝绸。无论是以上哪个时期，卡亚俄都是一个理想的丝绸进口港。第一，它是距离南美第一消费中心利马最近的沿海城市，能够满足利马源源不断的消费需求。1740 年，由于到处都在批发和零售中国丝绸，利马被称为"北京集市（la feria de Pekín）"。③ 第二，利马不仅居住着有钱进口中国丝绸的商人，而且这些商人还和最有政治影响力的政府官员们在此交易，甚至连总督们也对参与中国丝绸买卖和消费有着非常大的兴趣。④ 第三，卡亚俄是太平洋沿岸最高水平的海港，甚至比新西班牙的阿卡普尔科港还要好。根据穆鲁亚修士的资料，17 世纪初"通常有 40 到 50 艘船"从太平洋和中国的港口到达卡亚俄。总之，由于各种各样的原因，利马成为中国丝绸的聚集地，东方纺织品从这里分销到查尔卡斯审问院（Audiencia de Charcas）辖区内各大中心城市（库斯科、拉巴斯、波托西），甚至远销到图库曼省的小城市。

如果继续研究海上航线，就会发现它从卡亚俄港延伸到皮斯科，再往南到达阿里卡。中国丝绸从这些二线港口进入查尔卡斯审问院管辖区，再在那里和

---

① "Carta del virrey marqués de Guadalcázar（1619）", AGI, México, 29, N° 21, f. 5.

② Murúa, *Historia*, 2001［1606-1613］, p. 292.

③ Marcoleta, "Nueva Representación", 1915, t. Ⅴ, p. 153.

④ 1626 年，总督埃斯基拉切王子（príncipe de Esquilache）由于两次走私中国丝绸而被起诉并罚款。第一次审判他由于进口"中国丝绸装箱数量超额"而被判罚款 3 万杜卡多（ducado）。第二次是因为他没收了一艘装满中国丝绸的船，罚金为 20 万比索。AGI, Escribanía, 1187, f. 123. 还有一个案例发生在 1674 年，是关于总督卡斯特利亚尔伯爵（conde de Castellar）的，详见：Suárez, *Desafíos*, p. 376.

通过陆路从利马运到波托西和整个查尔卡斯地区的东方纺织品汇聚。[①]很多情况下，从墨西哥来的丝绸船为了逃避监管，一般不停靠在卡亚俄港，而是停靠在皮斯科和阿里卡这两个小港口，两地海关监管较弱，便于走私东方纺织品。此外，中国丝绸还被送到瓦尔帕莱索港，用以满足住在智利圣地亚哥的西班牙人的需求。这条重要路线在美洲中国丝绸之路运行的 200 年间里一直在运转，只不过有时运送量大，有时运送量小。住在智利圣地亚哥的西班牙人的财产清单证实了这一情况。[②]卡亚俄—瓦尔帕莱索航线的终点在圣地亚哥和图库曼省的交界处，在那里，中国丝绸和来自卡斯蒂利亚、墨西哥和基多的纺织品一起流通，满足普通西班牙人的需求。[③]

利马往南的线路是一条重要的中国丝绸运输通道，从利马出发有一条陆地运输线路通往波托西，经过拉巴斯和奥鲁罗（Oruro）。有两份可靠证据揭示了波托西在其中的作用，这两份资料的时间跨度恰好涵盖了西属美洲丝绸之路运行的时间范围。第一份资料是路易斯·卡波切（Luis Capoche）在 1585 年所写的《报告》（Relación）。其中提到，盛产白银，造就了波托西经济的繁荣，波托西也因此成为西属美洲最重要的消费中心之一。波托西的市场和商店里有来自全世界的商品，波托西俨然成了全球经济中心。根据卡波切的描述，在商品清单里总能看到波托西居民所使用的中国丝质服装和其他面料的服装。[④]另一份资料来自 18 世纪初波托西伟大的编年史家阿萨斯·奥苏阿（Arzans Orzúa），他记述了波托西大范围地持续消费丝绸的情况，尽管当时白银的产量已经远不如之前了。那个时候，波托西市场上的外国商品琳琅满目：

　　……来自印度的谷物、水晶、象牙和宝石，锡兰的钻石，阿拉伯半岛的香水，波斯、开罗和土耳其的地毯，马来半岛和果阿的各种香料，中国的白瓷和

---

① "Real Cédula a don Francisco Pimentel y Sotomayor, presidente de la Audiencia de la ciudad de la Plata, en la provincia de los Charcas（1714）", AGI, Charcas, 417, L. 9, fs. 206-209.

② 关于初期的情况请参阅：Márquez de la Plata, "Los trajes", 1934, p. 31；关于 17 世纪的情况请参阅：Amenábar, "Trajes y moda", 1986, p. 11；关于 18 世纪初期拉塞雷纳（La Serena）的情况，请参阅：Sayago, Historia, 1973, p. 367.

③ Assadourian, El Sistema, 1982, p. 71.

④ Capoche, Relación, 1959［1585］, p. 134.

丝质服饰。①

　　除了这条南美核心销售线路，中国丝绸的销售网络进一步延伸到更南边。骡子和脚夫将丝绸从波托西运往胡胡伊、萨尔塔、图库曼和科尔多瓦；而后又从那里分成两路，完成其最后一段行程，一路经门多萨运往智利的圣地亚哥，一路运往大西洋港口城市布宜诺斯艾利斯。关于智利和布宜诺斯艾利斯，有两个代表性事件。1608年4月，蒙特斯克拉罗斯（Montesclaros）总督就"禁止买卖来自新西班牙的商品"一事到卡亚俄港视察。② 资料显示，他的视察是有效果的，因为"按照当地物价，有价值4万比索的'中国服装'受到处罚"。③遗憾的是，文件中并没有提及被没收的纺织品的细节，但是蒙特斯克拉罗斯提到了中国的塔夫绸，这是一种各个社会阶层都会消费的普通丝绸。总督违背了相关规定，擅自决定了丝绸接下来的运输和销售。

　　……一批运往智利的帽子，其里衬需要耗费大量的中国塔夫绸……有一批1600顶的帽子，其里衬需要消耗掉231块10到11巴拉④长的塔夫绸，价值3000比索（1比索约合8雷亚尔）。⑤

　　3年前，即1605年，布宜诺斯艾利斯主教马丁·伊格纳西奥·德·洛约拉（Martín Ignacio de Loyola）向卡洛斯三世国王抱怨图库曼和布宜诺斯艾利斯"中国服装"的泛滥：

　　……有很多"中国服装"走私到了秘鲁，在布宜诺斯艾利斯和图库曼地区到处都是中国服装。由于其物美价廉，使得西班牙的商品变得毫无价值，这严

---

① Orsúa. *Historia de la* Villa，1965，tomo I，p. 8.
② "Carta del virrey Montesclaros a Felipe III desde el puerto del Callao"，en "Expedientes cartas de Virreyes Perú, 1604-1610"，AGI，Lima，35，f. 43.
③ 同①.
④ 据西班牙皇家语言学院词典，巴拉（vara）为西班牙帝国的长度单位，1巴拉等于1000毫米，约合三英尺。
⑤ "Expedientes cartas de Virreyes Perú, 1604-1610"，AGI，Lima，35，f. 43v.

重亵渎了西班牙国王陛下和船只停靠港颁布的法令……今年进入秘鲁的"中国服装"的1%，比过去50年里进入这个港口的服装数量还多，我对陛下您的一些大臣们的做法感到吃惊，他们一直试图关闭港口，却很少来这里，卡亚俄这么大的港口，每年有上百万的进口量，但是他们对此漠不关心。①

根据洛约拉的描述，波托韦洛集市的没落，不是因为葡萄牙人在布宜诺斯艾利斯港的走私活动，而是因为大量"中国服装"从卡亚俄港流入。总体来说，在利马或波托西，东方丝绸和所有外国商品一样，用骡子队这种最基本的本地交通工具进行运送。为了实现其进一步流通和消费，中国丝绸还要沿着查尔卡斯和图库曼地区复杂的区域间贸易路线进行运输，并通过分销中心进行销售。历史上的贸易清单向我们证实，科尔多瓦及其周边曾出现过大量的中国丝绸，甚至到达了布宜诺斯艾利斯（中国丝绸路上运输线路的最后一段）。② 不过，到达布宜诺斯艾利斯的中国丝绸和到达巴拿马的一样数量有限，因为布宜诺斯艾利斯位于大西洋沿岸，欧洲的合法商船运来的欧洲纺织品可以代替中国丝绸满足这座城市的需求。

第二节　中国丝绸进入西属美洲的原因

暂且不论贸易量的大小，应该如何解释中国丝绸之路在西属美洲长达两个世纪的持续运转？什么理由可以解释，在西班牙通过颁布法律消除亚洲对其在美洲大陆经济主导地位的威胁后，中国丝绸依旧主导美洲市场？有三个因素可以解释：生产因素、贸易税收因素和消费文化因素。

---

① "El obispo del Río de La Plata a su merced. Que se tripliquen los despachos tocantes a la contratación con las Filipinas y la mercaderías y ropa de la China que se prohíben en el Perú", AGI, Charcas, 135, f. 1.

② 相关信息请参阅本书最后一章胡安·德·布伊特龙的案例，也可参阅：AHPC, Escribanía 1，año 1719，legajo 241，expediente 9，fs. 188-193.

一、生产。1530 年到 1580 年的 50 年间，新西班牙的桑蚕养殖和丝织业得到发展，推动着墨西哥城、普埃布拉和安特克拉等地的制造业的出现。[1] 由这些作坊加工的产品被运到新西班牙总督区本地的市场，富余出来的产品经太平洋运往秘鲁。但在 16 世纪末，新西班牙地区的丝绸制造业因阿卡普尔科港进口的中国丝绸的增多而出现萎缩的迹象。从那时起，新西班牙的作坊改进了制作工艺和技术，以大帆船运来的中国原丝为原材料进行纺织品加工。[2] 就这样，中国丝绸推动了新西班牙制造业的发展，巩固了该地的纺织业。

西属美洲本地丝绸生产的危机，以及西班牙颁布的阻止本地织造业发展的政策，都为中国丝绸的流入提供了有利条件。丝绸的进口对本地制造业的发展产生了重要影响。除了东方丝绸制品的流入，还存在着其他造成生产萎缩、经济衰退的因素。比如，印第安人劳动力的减少和禁止发展本地工业（以避免对西班牙制造的商品在西属美洲的消费市场的优势地位构成威胁）的大都市政策就是原因之一。[3] 西班牙对新西班牙总督区桑蚕养殖园的严格控制长达数十年。本地的丝绸生产缩减到仅供本地消费或贸易。但在 1679 年，西班牙政府出于禁止西属美洲工业发展的目的，决定摧毁该地区所有的桑蚕养殖园。这项政策本是为了刺激对西班牙格拉纳达和瓦伦西亚丝织品的消费，但却使中国丝绸变得更受欢迎。[4] 新西班牙本地丝绸产品的消失使得新西班牙总督区和秘鲁总督区对中国丝绸的需求都出现成倍增长。

由于本地丝绸的缺乏，秘鲁总督区也需要进口亚洲的丝绸。众所周知，在 16 世纪下半叶和 17 世纪初，秘鲁总督区可以实现自给自足，不需要依赖外国进口。[5] 有资料显示，16 世纪末，一些小的印第安桑蚕养殖园履行了缴纳什一税的职责。[6] 马丁德·穆鲁亚修士指出，虽然"秘鲁什么都有"，但是有两种

---

[1] "Carta del virrey de Nueva España Martín Enríquez sobre cultivo de lino y seda（1572）", AHN, Diversos-colecciones, 25, N° 17, fs. 13-26.

[2] 从记录中很难区分秘鲁管控的丝绸是来自亚洲还是新西班牙。

[3] Borah, *Silk Raising*, 1943, pp. 32-38 y 85-102. Bazant, "Evolución", 1988, pp. 473-516.

[4] Pérez Herrero, "Actitudes del Consulado", 1983, p. 109.

[5] Assadourian, *El Sistema*, 1982, pp. 131-221.

[6] 这个时期，利马的一些神职人员要求土著居民用丝绸来缴纳什一税。AGI, Lima, 567, leg. 8, fs. 299-300.

原材料是缺乏的：丝线和亚麻。[①] 1620 年左右，葡萄牙商人莱昂·波托卡雷洛（León Portocarrero）明确提到了秘鲁对中国丝绸的需求。他记录了"在秘鲁有需求的所有商品的类型……因为秘鲁本地不产这些商品"。货物名单里，有"深红色、蓝色、绿色以及彩色的中国丝绸"，"在利马用中国丝绸生产的女士头巾"，"在秘鲁销量很好的各种中国丝线、丝织品"。[②] 秘鲁总督区生产的丝绸从未满足过自身市场的需求，因而对墨西哥纺织品有很大依赖。然而，新西班牙丝绸的生产危机使秘鲁加大了对中国丝绸的依赖。

我们可以跨越西属美洲的边界，看一下中国丝绸在欧洲的供求情况所产生的效果。东方纺织品进入西属美洲给本地的纺织品生产造成了重大打击，西欧的纺织品业不得不做出深刻变革。自 16 世纪末以来，西方纺织品由于缺乏竞争力而很难在美洲市场上出售，英国的布料以及格拉纳达、意大利和莱万特的丝织品因此陷入危机。西属美洲的中国丝绸之路的形成和发展使欧洲生产的纺织品再次转向其内部市场。尽管西班牙通过欧洲国家的东方贸易公司进口了大量东方纺织品，但西班牙国内市场仍对本地生产的纺织品有一定的需求，这得益于欧洲在 17 世纪经历的一场消费革命。[③]

很明显，丝绸在西属美洲的大规模生产之所以受到限制，主要因为西班牙政府禁止发展任何会与西班牙纺织业形成竞争的当地纺织工业。但是，有明显迹象表明，西班牙允许生产廉价的普通纺织品来满足美洲殖民地印第安人、奴隶和穷人们的需求。西班牙的最终目的是限制所有可能和西班牙丝织品——中上层人士的专属——形成竞争的纺织业的发展。这是西班牙为什么要阻止进口中国丝绸的主要理由。但是，为什么没有成功？因为中国丝绸的特质打乱了西班牙的计划。

二、贸易税收。无论是陆上运输还是海上运输，西属美洲的中国丝绸之路都没有缴纳税负和海关费用。这是因为，地下交易的性质使中国丝绸避开了王室征收的任何税费而直接进入市场，运输和营销成本也比较低。中国丝绸以低

[①] "Solo le falta al Perú seda y lino", Murúa, *Historia*, 2001［1606-1613］, p. 273.

[②] *"Descripción general del reino del Perú, en particular de Lima"*, BNF, Manuscritos, *Espagnol 280*, Nº 5057, fs.237-262.

[③] Bernal, *España*, 2005, pp. 262-263.

廉的价格进入美洲市场，西班牙无法在市场上与其竞争。在谈论价格之前，我们先讨论一下法律问题。1612年，秘鲁总督蒙特斯克拉罗斯侯爵认为，尽管有禁令，依旧"难以阻止"中国丝绸从阿卡普尔科港流入秘鲁。他建议废除禁令，并且：

> ……对从阿卡普尔科港和卡亚俄港入境的商品加征重税……加大征税力度，减少商品的利润，使其不再那么令人垂涎，这样人们就会更愿意到内陆省（Tierra Firme）进行贸易活动，那里税费比这里低。[①]

蒙特斯克拉罗斯侯爵向官方建议，承认西属美洲的中国丝绸之路。中国丝绸之路的合法化将增加皇家的税收。[②]尽管清楚该路线的存在，并且在几十年里一直默许它的存在，但西班牙皇室从未通过禁令或处罚措施将这种行为公开化。为什么西班牙没有将其合法化呢？我们可以这样想：一旦将这条路线合法化，丝绸的总体成本会增加，人们可能不再购买中国丝绸，而是选择购买西班牙和欧洲的纺织品。这个问题不是对中国丝绸征不征税那么简单，关键在于中国丝绸的消费模式，即它所满足的需求类型和消费者类型。随后我们会解答消费模式的问题。

尽管中国丝绸到达秘鲁的行程很漫长，但其缴税几乎为零。如果要收税的话，也只是在阿卡普尔科港举办的新西班牙官方交易会上征收。但是，如果想一下马尼拉大帆船进口的那么多的未经登记的货物，可能会得出这样一个结论：大部分货物一分钱的税都没交就被运到了秘鲁。因此，中国丝绸在秘鲁广受欢迎的一个重要原因是它的地下交易所带来的巨大利益以及它本身低廉的价格。

三、中国丝绸的消费文化。美洲地区对丝绸的需求，以及中国丝绸进入内陆市场的能力，取决于丝线或丝织品自身的品质，从最普通的到最精美的，面向的是西属美洲广泛和多样化的消费群体。我们先来看一下新西班牙的情况。

[①] Montesclaros, "Carta", 1866［1612］, p. 343.

[②] 在此无法列出西印度事务委员会提出的众多类似提案。了解后续一段时间的情况，请参阅1712年新西班牙总督利纳雷斯公爵（duque de Linares）的相关文献，AGI, Lima, 480, s/n de expediente fs. 1-7.

16 世纪末期出现了一个跟商品生产有关的现象，在通货膨胀期间，墨西哥丝绸的价格下降了 80%，因为中国丝绸商品对其形成了强有力的竞争。中国丝绸质量好、运输成本低，价格低得"连马尼拉大帆船上的奴隶们都穿着丝绸的衣服"。[①] 这说明中国丝绸有两种消费类型。首先，享有特权的社会阶层可以以很低廉的价格购买到比较优质的丝绸，因为它们的贸易成本较低。其次，还有针对相对贫穷的民众的普通丝绸。我们要强调的是第二类消费者，因为这种普遍的日常消费文化恰恰反映了丝绸之路的特点和作用。

1609 年，维拉克鲁斯附近的帕努科省省长佩德罗·马丁内斯在其《报告》中记录了当地西班牙人和印第安人购买商品的情况。马丁内斯指出，"价格随着商品在市场的货存上下浮动"，但是关于"最普通的商品"，也就是我们感兴趣的纺织品，情况如下：

……1 巴拉普埃布拉产普通布料，7 比索；1 巴拉 gergueta，1.5 比索；1 巴拉中国产塔夫绸，1 比索；1 巴拉中国产缎子，1.5 比索；1 盎司绢缎或绉缎，1.5 比索；1 巴拉中国产天鹅绒，5.6 比索……1 巴拉中国产衬里亚麻布（holandilla），4 雷亚尔；中国产丝袜（media），7 比索；西班牙产丝袜，15 比索……这些商品都来自附近的地区，墨西哥和普埃布拉商人通过陆路运过来，维拉克鲁斯和坎佩切商人通过海路运过来。[②]

中国丝绸比普埃布拉产的普通布料价格低，亚洲丝袜的价格还不到西班牙丝袜价格的一半，都说明中国丝绸只针对下层人群以及总督区内政治和经济中心之外的地区销售。还有一个重要事实：虽然我们谈论的是靠近大西洋且远离太平洋的地区，但是中国丝绸的价格却低于欧洲丝绸的价格。

我们继续探讨后来的一段时期内被中国丝绸吸引的消费者的类型和性质。18 世纪初，人们在同西班牙进行贸易还是同菲律宾进行贸易这个问题上进行着很艰难的抉择，这给我们提供了关于上述议题的重要信号。1718 年，西班牙王

---

① Spate, *El Lago*, 2006, p. 250.
② Martínez, "Descripción", 1969［1609］, pp. 153-154.

室为了保护本国工业和大西洋贸易下令禁止墨西哥进口中国生丝和丝织品的时候，商人、总督甚至普通民众都表示反对，说这项措施行不通，理由如下：

> ……"中国服装"由于其价格合理而受到穷人们的欢迎。西班牙服装由于价格过高，穷人是消费不起的（即使他们想买也买不起）。但是，西班牙服装还是有人消费的。如果经济条件允许的话，人们更愿意购买西班牙服装……①

费利佩五世（Felipe V）决定实施禁令的时候，也在考虑所有流传在西班牙帝国领地内的与"将菲律宾和墨西哥之间的中国丝绸贸易合法化"有关的公众舆论，人们对从菲律宾运往墨西哥的中国丝绸有着独特的看法：

> ……到维拉克鲁斯的船队通常都会受到当地富商的欢迎，运来的商品由他们来销售，但是大部分人更期待中国船的到来，如果出现延迟到达的情况，就会引起很大的不满。②

由于大多数人对亚洲商品有强烈的消费需求，马尼拉大帆船不来阿卡普尔科港引起了人们的不满。对此，对马尼拉大帆船的历史颇有研究的历史学家舒尔茨认为：

> ……所有的社会阶层，从那些生活在热带低地地区被西班牙法律和公约强制着装的印第安人，到那些生活在首都的娇贵的土生白人，都穿着从远东进口的丝绸。③

无论是在墨西哥还是在秘鲁，情况都是一样的。虽然有些高档丝绸是针对上层人士的，但是在美洲市场上销售的中国丝绸大部分都价格便宜，质量中等，是丝绸之路的主要货物。针对不同的消费需求，丝绸的质量也有所不同。比如

---

① AGNM，Reales Cédulas Originales，caja 3552，expediente 26，（1724），fs. 3-4.

② 同① 4.

③ Schurz，*The Manila Galleon*，1959，p. 362.

"质地较厚的丝绸受到西班牙人和土生白人的喜爱，但也会卖给穷人，成为新西班牙大众的流行服饰"。[1] 1702 年，一位在阿卡普尔科旅行的游客惊奇地发现，马尼拉大帆船装载的货物达到了 2000 吨，远超于法律规定的 200 吨。[2]1591 年，内陆省会计官（contador）米盖尔·鲁伊兹·德·杜艾因给西班牙国王写信说：

> ……中国商品流入内陆省和秘鲁，不利于西班牙王室的商品税征收。流入的丝绸数量巨大，因为其价格非常便宜……的确连穷人们都穿着丝绸的衣服，因为……比西班牙衣服便宜。[3]

最具代表性的证言之一是时任秘鲁总督的卡涅特第二侯爵（segundo marqués de Cañete）乌尔塔多·德·门多萨于 1594 年发表的。门多萨对和中国进行贸易非常感兴趣，他不仅推动了阿卡普尔科所参与的丝绸之路的地下贸易，还推动了秘鲁到远东的直接贸易航线。[4]1594 年，他向西印度事务委员会进言：

> ……中国的商品如此便宜，西班牙的商品如此昂贵，让这个地区减少甚至停止购买中国商品是不可能的，现在，一个男人只需花 200 雷亚尔（25 比索）就能让他的妻子穿上中国丝绸的衣服，但是就算花 200 比索也不能让他的妻子穿上西班牙丝绸的衣服。[5]

在秘鲁，中国丝绸服装的价格只有西班牙服装的 10%。另外，中国丝绸大量涌入秘鲁使得西班牙丝绸的生产、贸易和消费都陷入了严重的困境。17 世纪的前 30 年，西班牙王室一直试图制定一系列的禁令限制中国商品流向秘鲁，但是未能如愿。[6]1602 年，西班牙王室推出一些政策，禁止在秘鲁进行中国丝绸的买卖和消费。而利马的商人们坚持认为，至少要开放和阿卡普尔科港之间的

---

[1] AGNM, Reales Cédulas Originales, caja 3552, expediente 26,（1724）, f. 4.

[2] Villar, *El contrabando*, 1967, p. 29

[3] AGI, Panamá, 33, s/n de fs.

[4] Cauti, *Extremo Oriente*, 2005, pp. 228-233.

[5] "Cartas y expedientes de virreyes del Perú（1593-1599）", AGI, Lima, 33, f. 43.

[6] AGI, Quito, s/n de expediente, fs. 1-11; Escalona, *Gazophilacium*, 1775, fs. 178-179.

中国商品的贸易，并称这样并不会威胁到波托韦洛港的商船的利益，因为：

　　……秘鲁贸易的衰落不是中国商品流入那个地区（墨西哥）造成的，而是因为到达波托韦洛港的船队的航期不规律……比起西班牙，秘鲁更喜欢跟墨西哥进行贸易，很多西班牙人穿得比其他任何地方的人都华贵……所以，如果让更多船队（波托韦洛船队）进入，他们会全都卖西班牙服装，而中国丝绸服装适合各阶层人群购买，尤其是穷人，另外还可以用于装饰寺庙。[①]

　　1620 年，葡萄牙商人佩德罗·莱昂·德·波托卡雷罗详细记录了运往秘鲁的中国丝绸的种类和女性对它们的需求。他指出，中国丝绸之所以卖得好，关键在于价格低，"可供穷人们穿着"。下面这篇引文再现了这种情况。

　　……墨西哥会把每两年从中国运来一次的大量塔夫绸、成卷的罗缎、暖脚炉等商品运送到秘鲁。有普通的锦缎和官用锦缎（damascos mandarines），其中后者是进贡的面料，是中国最好的锦缎。各式各样的绸缎，从兰金（Lanquín，原文如此）运来的洁白又光亮的面料尤其多。还有其他亮丽的、黑色的料子，还有漂亮的天鹅绒的、平整的、绣花的，颜色除了黑色的，还有彩色的，还有各式各样、颜色各异的绣花床单、床罩。大量的白色绸缎以及丝绸材质的女士头巾……这些都是当时在穷人中热销的服饰，因为它们价格便宜，同时也从兰金运来了很多的披风，这些披风是用棉麻布制成的，有白的和蓝的。[②]

　　以上所引的两个资料证明：中国丝绸受到各阶层人群的喜爱。秘鲁穷人们焦急地等待着从墨西哥太平洋沿岸运来的中国丝绸，而上层人士为了显示自己的地位则选购来自欧洲的精美华贵的衣服和纺织品。该地居民的遗嘱中的财产清单清楚地表明：用中国丝绸做成的窗帘、床单、桌布和高档服装都是特权阶层才能拥有的，亚洲商品无疑是一种奢侈品。但是，我们认为，把中国丝绸说

---

① AGI, Filipinas, 34, s/n de expediente, fs. 36-48.

② *"Descripción"*, BNF, Manuscritos, *Espagnol 280*, N° 5057, fs. 211-212. La bastardilla es nuestra.

成是专门为上层人士订制的，好像它们特别精美华贵一样，未免失于偏颇。因为我们发现，很多中国丝绸是供卑微阶层和普通民众消费的。这种情况不仅发生在秘鲁，也发生在危地马拉。17 世纪中叶，一位叫托马斯·加赫（Thomas Gage）的旅行者说："印第安人去教堂或者做客时头上披着一种精致的中国丝绸，直垂到地面。"①

利马的商人们认为，没必要为所谓的太平洋贸易和大西洋贸易之间的冲突而担心，因为西班牙丝绸主要卖给上层人士，而中国丝绸主要卖给"更穷的人们"；"更穷的人"指的是土著人、工人、农民，甚至奴隶。然而，秘鲁人没有如愿以偿，西班牙王室禁止秘鲁人从阿卡普尔科进口中国丝绸。虽然两者相隔一段时间，但是如果我们把 1602 年秘鲁商人的报告同 1718 年新西班牙的请愿书相关联，就能看出西属美洲对外贸易的整体情况：大西洋贸易的主要消费者是精英阶层，而以中国丝绸之路为核心的太平洋贸易则面向更广泛的社会阶层。并且由于中国丝绸价格、质量的特点，中国丝绸消费速度很快，也就是说商品买卖周期较短，生产和流通环节也快速运转，这样一来就实现了中国丝绸之路在西属美洲的持续运转。

总体来说，上述所有文献都让我们认识到这样一个事实：广泛的消费阶层推动了中国丝绸之路在西属美洲的运转。西属美洲的丝绸之路几乎持续了两个世纪，时间之长，范围之广，其原因不仅在于西属美洲极少数的上层人士对东方商品情有独钟。来自中国的丝织品的使用和更新换代也推动了丝绸之路的运转。史学界认为，一些东方奢侈品对上层人士很有吸引力，但本文尝试重新审视中国丝绸所拥有的广泛的消费阶层。各个阶层的西班牙人、土著人甚至奴隶共同构成了广泛的社会消费群体，最终使得西属美洲的中国丝绸之路继续存在下去，也使得拉美地区能在当今时代的全球化背景下和东方联系在一起。

与此同时，我们所说的西属美洲中国丝绸之路是使西班牙帝国领地内的巨型贸易网络运行起来的中心推力，而墨西哥就是这个网络的心脏。②虽然中

① Gage, *Viajes*, 1980, p. 167.
② 请参阅第一章。

国丝绸之路不是推动这种模式运作的唯一动力，但它主要在西属美洲的太平洋沿岸市场发挥作用。以中国丝绸之路为平台，其他来自新西班牙大西洋的商品也得以流通，为到达维拉克鲁斯的西班牙船队注入新的活力。值得一提的是，大西洋一侧的西班牙船队也是西班牙帝国领地内的巨型贸易网络的重要组成部分。

第三章

18 世纪科尔多瓦和布宜诺斯艾利斯物质文化中的中国物品

第一节　以全球视野研究殖民时期

最近几年，一些非常重要的历史研究开始重视采用全球视野去探讨殖民时期的历史。学界开始意识到，本地与地区之间的边界视角虽然对史学研究非常重要，但同时它也非常封闭刻板，在研究西属美洲的物质文化和日常生活时，这种视角会阻碍我们用发散性思维来观察事物。史学界在采用全球性视角方面所取得的进步改变了我们关于现代史和殖民史的传统的思考方式。由此，我们开始质疑有限的地理范围或由法律机制所规范的行政空间是不是一个合理的研究对象。最终，在西印度史的研究上，以"旧世界"为中心的观点和观念遭到极大质疑。

首先，西属美洲不仅受到西半球的深刻影响，也和中国及其他东方国家或地区建立了前所未有的文化和经济联系。这种联系既不是短暂的，也不是偶然的；相反，这种联系在很长一段时间内将看似遥远和不相关的两个空间结合在一起，因而在历史上的文化、经济和政治等方面留下了深刻的影响，而我们尚未探究过这些影响。不可思议的是，像图库曼省和布宜诺斯艾利斯港这样的西班牙帝国的边缘角落也受到了中国的经济和文化的影响。本书最后想要探讨的正是 18 世纪在这块地理区域内所发生的历史。

这是一个崭新的议题，可以说是一块从未开发的处女地，因为人们对中国、布宜诺斯艾利斯和科尔多瓦的物质文化的影响几乎一无所知。[①] 但是我们将要采取的分析方法对人们来说并不陌生。上文我们已经介绍了中国和西属美

---

① 据了解，马里卢兹·乌尔基霍（Mariluz Urquijo）是第一个也是唯一一个承认中国在 18 世纪对拉普拉塔河的文化产生过影响的学者。这位学者使用"空想"（utopía）一词来形容双方之间的联系，我们对此并不赞同。下文我们将证明，非但不是"空想"，中国对拉普拉塔河地带的影响是实实在在的。Mariluz, "La China", 1984, pp. 7-31.

洲之间的联系所产生的影响范围之广，甚至超越了西班牙法律的限制。当时，西班牙只允许新西班牙和菲律宾之间通过马尼拉大帆船实现有限的联系。18 世纪时，西班牙的经济政策对马尼拉大帆船的贸易活动实施了严格限制，使亚洲商品的进口和消费被贴上了精英阶层的标签，并且只能向新西班牙市场出口。[①]如果我们忽略了西班牙法律想要达到的效果，那么我们将走向危险的"历史还原主义"，分析一个我们想象中的事物，而非西属美洲的真实历史。

事实上，不论是中国人，还是中国物品，抑或是中国思想，所产生的影响都远远超越了阿卡普尔科港的商品交易活动所覆盖的范围。亚洲移民是非常多元化的社会的组成部分。大约在 1620 年，来自葡萄牙的犹太教商人莱昂·波托卡雷罗（León Portocarrero）对所见所闻感到非常吃惊：

来自西班牙各地、各个城市和村庄的人们在利马和整个秘鲁定居和活动，来自葡萄牙、加利西亚、阿斯图里亚斯、比斯卡伊诺、纳瓦拉、阿拉贡、瓦伦西亚、穆尔西亚、法国、意大利、德国、佛兰德、希腊、科西嘉、热那亚、马略卡、加那利、英国的人，摩尔人、印度人、中国人，还有很多混血人都来到这里。[②]

登陆阿卡普尔科的除了艺术家，还有中国技工、劳工，他们最终分散到美洲各地。[③]虽然 18 世纪的大部分时间里，整个西属美洲（除了墨西哥）都禁止销售亚洲商品，这些人还是冲破了领土边界以及法律和地域的限制，在西属南美地区留下了广泛的影响，甚至在葡属地区也同样留下了一定的影响。[④]接下来，我们将探究中国商品得以传播的背后因素。一直以来，到达美洲和欧洲的

---

① 上文已经提到，自 1634 年起，禁止秘鲁进口和消费中国丝绸。当然，这一禁令对整个西属南美洲都有效。

② Portocarrero, "Descripción general del Reino del Perú, en particular de Lima"（1620）, bnf, Espagnol 280, f. 113.（La bastardilla es nuestra）

③ 关于西属美洲中国奴隶和技工的流动，请参阅 Slack, "Sinifying New Spain", 2010, pp. 7-34. 秘鲁的案例请参阅：Contreras, *Padrón*, 1614, fs. 237-246. 在艺术方面，可参考雕塑师 Esteban Sampzon 的案例，18 世纪初至 19 世纪末，他从菲律宾来，经科尔多瓦，最终到达并定居布宜诺斯艾利斯；Braccio, "Esteban Sampzon", 2009, pp. 53-72.

④ 西属美洲的案例请参考本书脚注。葡属美洲的案例请参考：Teixeira, *A China no Brasil*, 1999 y Do Amaral, *A Bahia*, 2000.

中国商品或东方商品都被认为是奢华和充满异国情调的。[①]虽然这一现象无可置疑，但是这一属性无法解释东方商品何以对西属美洲殖民地的文化产生了深刻的影响。上文已经提到，即使西班牙当局为它的流通和消费设置了重重障碍，中国商品仍然在西属美洲拥有很广泛的消费者，这背后有其更加深刻而直接的原因。中国商品价格低廉、质量合适、销售成本低、一定程度的标准化是它能赢得美洲消费者的青睐的重要原因。下文我们将依次对它的这些特征进行分析。

人们一般认为，东方和美洲之间的联系是通过太平洋水域实现的。如果说西属美洲的商人们绕过了西班牙的管制并以大西洋路线为中心在中国和美洲之间建立了经济联系，听起来非常吸引人，而这正是实实在在发生过的事情。拉普拉塔总督区成立的时候，在西方世界的参与下，中国文化得以到达大西洋沿岸。事实上，布宜诺斯艾利斯的消费者或科尔多瓦的消费者与中国丝绸或瓷器之间的联系表明，殖民时期的物质文化既不限于欧洲文化，也不限于印第安文化，东方文化也广泛传播并极大地丰富了美洲大陆的文化。

本章的首要目的是了解18世纪有哪些中国商品出现在了科尔多瓦和布宜诺斯艾利斯地区。由于其性质和特点，遗产清单是实现这一首要目的的主要文献语料库。在证明了中国商品的存在后，第二步是根据流通和消费的强度对其进行分类。不同类型的商品所扮演的角色是不同的，在整个18世纪，它们所扮演的角色是随着历史因素的变化而变化的，在不同地方也有所差异。因此，与我们所探讨的主题有关的全球性的、西班牙帝国范围内的以及地区范围内的历史都应该被纳入研究范围，以便更好地了解消费模式的变化和商品流入路线的变化。

首先，我们从中国商品的分销中心——利马入手，它是商品到达科尔多瓦和布宜诺斯艾利斯的关键。在18世纪中期，由于有大量中国商品在此地销售，利马一度成为"北京集市"，中国商品如瀑布之水倾泻而下，到达美洲最南部的地方。18世纪前40年，科尔多瓦迎来了中国丝绸和纺织品贸易的繁荣景象，布宜诺斯艾利斯则规模稍小一些。根据财产清单所提供的有关中国商品的质量、

---

① 在这方面有很多文献可以引用。关于新西班牙的案例请参考：Curiel，"Consideraciones"，1992，pp. 127-160。秘鲁的案例请参考：Kuwayama，"Cerámica"，2000-2001，pp. 20-29；拉普拉塔总督区的案例请参考：Porro, Astiz y Rospide, *Aspectos*, 2 vols., 1982；Porro y Barbero, *Lo Suntuario*, 1994, pp. 3-107；Urquijo, "La China", 1984, p. 15.

成分及其价格等信息，我们试图确定它们的流通途径及其针对的消费者群体。科尔多瓦商人胡安·德·布伊特龙（Juan de Buitrón）的案例可以证明我们对拉普拉塔总督区内中国丝绸贸易和消费的几点猜想。其次，本章将介绍，18世纪下半叶布宜诺斯艾利斯明显增加了对中国瓷器的进口和消费。这部分不仅会分析所进口的中国瓷器的种类，也会分析它们所对应的消费群体的社会阶层。同时，我们将简要提及耶稣会士的案例，因为教堂里或修道院里也有中国丝绸和瓷器的身影。

前两章的研究聚焦于经济层面，最后一章侧重从文化层面思考中国商品的流通和消费文化。我们的目的是认识这杯"鸡尾酒"——欧洲传统与东方传统相结合的产物，而商品就是各自传统的代表。无论是东方商品还是欧洲商品，它们的设计、样式和文化意义都对美洲本地的商品产生了影响。该地区的物质文化展现出两种潮流。第一种潮流在18世纪上半叶尤为显著，我们称之为"东方元素的西方化"。也就是说，在美洲地区流通和消费的中国商品经历了"欧化"的过程。第二种潮流则带有"中国化"的标签，这种潮流出现在18世纪下半叶。当时，欧洲商品经历了"东方化"的过程。由于18世纪上半叶甚至更早之前中国商品受到极大欢迎，欧洲开始仿制中国商品。第二种潮流与第一种潮流恰恰相反，在自由贸易和模仿亚洲风格的背景下，欧洲人要做的是"西方商品的东方化"。

第二节　以财产清单为参考资料

虽然我们的议题是新颖的，但以财产清单为参考资料的研究方法却并不新颖。无论是针对现代还是针对殖民时期的研究，财产清单对于物质文化研究都有重要的参考价值。由于其丰富的信息量和巨大潜力，财产清单是了解殖民时代社会文化生活和日常生活的一个非常重要的工具。

比如，简·德·弗里斯（Jan de Vries）通过对17—18世纪英国家庭的"遗产"（post-mortem）清单进行分析来验证"英国工业革命源于家务活动引发的

'消费革命'"的大胆猜想。^① 在探讨17、18世纪卡斯蒂利亚和加泰罗尼亚的物质消费文化和生活方式时，分析遗产清单也是重要的研究方法。^② 此外，丹尼尔·罗切（Daniel Roche）在研究18世纪法国家庭的财产清单时发现，法国大革命之前的服饰文化在很大程度上影响了服装的变革。^③

　　近几年来，对殖民时期的研究也开始以"遗产清单"作为参考文献，这种文献得到了很充分的利用。毕加索·蒙塔内尔（Picaso Muntaner）在最近发表的一篇文章里尝试从遗产清单入手分析17世纪亚洲商品在美洲大陆和加勒比港口城市的流通情况。蒙塔内尔的研究方法和本书相似，但是由于他的研究刚刚开始，能为我们提供的参考很有限，也缺乏代表性。^④ 另外，一些针对18世纪新西班牙的相关研究非常值得借鉴，它们以遗产清单作为最重要的参考资料，研究了新西班牙日常生活中的传统实践所经历的变革。^⑤ 古斯塔沃·库列尔（Gustavo Curiel）通过遗产清单对16世纪和18世纪新西班牙最富裕的家庭对全球商品的消费情况进行了研究，其中，亚洲商品尤为引人注目。^⑥ 历史学家卡洛斯·德华特（Carlos Duarte）则收集了大量委内瑞拉在殖民时代的遗产清单用以研究其历史上的艺术和文化遗产。^⑦

　　接下来我们梳理一下这些研究的时空范围。波罗（Porro）、阿斯蒂斯（Astiz）和罗斯皮德（Rospide）的著作非常值得借鉴，他们通过对遗产清单的研究重构了殖民时期布宜诺斯艾利斯日常生活的各方面。以遗产清单、嫁妆清单、遗嘱、协议书和扣押品清单为参考资料，他们的研究使我们对那个时代布宜诺斯艾利斯居民的家具和服装的整体状况有了进一步的了解。其中，中国商品，尤其是瓷器有着非常重要的地位。^⑧ 除了此项著名研究，也有其他专著以遗产清单为参考资料，研究了建筑、家具和服装等布宜诺斯艾利斯和科尔多瓦

---

① De Vries, *La Revolución*, 2009 [1ª edición 2008] .

② Torras y Yun (dirs.), *Consumo*, 1999.

③ Roche, *La Culture*, 1990; *A History*, 2003.

④ Picaso Muntaner, "Distribución", 2013, pp. 87-109.

⑤ Gonzalbo (coord.), *Vida cotidiana*, 2005.

⑥ Curiel, "Consideraciones", 1992, pp. 127-160.

⑦ Duarte, *Patrimonio*, 2002.

⑧ Porro, Astiz y Rospide, *Aspectos*, 2vols., 1982.

的物质文化要素。[①] 不过，基于这种参考资料还有很多研究可做。

总之，各种财产清单是本书最重要的参考资料。从一开始我们就在思考什么样的资料可以帮助我们确定 18 世纪的最后 25 年里图库曼省和布宜诺斯艾利斯有过哪些亚洲商品，这一时期正值西班牙禁止亚洲商品的贸易和消费的时期。显然，由于是违禁商品，使用和消费它们要受到严重处罚，官方文件无意将它们公之于众。为免除后患，海关人员直接将这些商品免于登记，在所有关卡对它们的存在只字不提。

就其性质和意义而言，遗产清单有助于解决我们的研究议题，帮助我们突破障碍。我们相信，选择这种方法和文献路径是卓有成效的。在整理遗嘱清单、公证文件和遗嘱执行文件等资料时，为避免出现错误，无论是违禁物品还是合法物品，无论是"时髦的"还是过时的，无论是新的还是二手的，无论是坏掉的还是"没用的"，我们都毫无保留地对个人财物的总价值进行了如实描述。对中国商品的描述同样如此，清单里列出了人们所拥有、继承和被赠予的中国商品种类以及它们的特点、保存状态和价值等信息。

在发现这种研究方法后，我们开始对在科尔多瓦省历史档案馆以及阿根廷国家综合档案馆藏有的清单进行一一查阅。这些清单充分表明，西班牙禁止南美洲进行亚洲商品贸易和消费的法令形同虚设。对我们的研究帮助极大的资料有科尔多瓦省历史档案馆的"公证书"和"协议书"条目以及阿根廷国家综合档案馆的"遗产"条目。另外，阿根廷国家综合档案馆的"遗产""走私品和扣押品"条目也提供了有用的信息。同时，我们也在科尔多瓦的大主教档案馆、科尔多瓦市档案馆找到了丰富的信息。显然，能支撑我们的猜想和论据的材料是搜集不完的，我们也无意提供在该地区出现过的中国商品的完整列表，但仅仅是列出具有代表性的清单我们就已经很满意了。[②]

需要说明的是，我们的研究方法不只是简单地搜集清单数据和确定布宜诺斯艾利斯及图库曼省出现的亚洲商品的类型，而是通过对它们进行长时段的盘

---

① 布宜诺斯艾利斯的案例请参阅：Cabrejas，"Vida material"，2000，pp. 41-70. 科尔多瓦的案例请参阅（在文化史中尤为重要）：Moreyra，"Entre lo íntimo"，2010，pp. 388-413.

② 遗嘱清单中很多物品常常没有标明产地。我们的工作在于研究那些被明确指出是来自中国或亚洲其他地区的商品。

点，了解消费习惯和消费方式的变化与延续、每个时期人们对不同物品的偏好以及日常消费与市场之间的关系。通过遗产清单，我们还可以对不同地方的情况进行比较性研究，比如我们将对图库曼省和布宜诺斯艾利斯进行比较研究。在18世纪，两地的中国商品的贸易和消费强度有所不同。

不过，在研究历史上某一社会的物质文化时，遗产清单有很大的限制。首先，清单中出现的物品价格是一个重要的分析工具，但是由于它们具有极大的主观性，所以不应该作为决定性参数。通常情况下，在估价人的陪同下，公证处的公证官负责对市场以外的物品价值进行估计。另外，被估价的物品也许已经很破旧了，所以清单无法如实地反映它们在市场上的真正价格。在这种情况下，在评估清单中出现的商品价格时应该特别关注"新"商品或"时髦"商品，它们的价格应该比较接近市场上的真正价格。

其次，遗产清单或嫁妆清单通常是在财产数量可观的情况下才会出具的文件。在布宜诺斯艾利斯和图库曼省，逝者只有在留下大笔财产的情况下才会留下遗产清单。那些财产有限的家庭或个人很少留下遗产清单，农村或城市里的工人也同样如此。我们还将重点关注我们找到的为数不多的普通人或穷人的遗产清单。我们的目的之一是弄清楚中国商品和大众消费模式之间是否存在某种联系，因此应该谨慎地验证我们的想法。

值得说明的是，对有关消费需求的研究来说，遗产清单并非最理想的参考资料。它只能说明某个时期物品或商品的积累，不能体现物品的流动过程，即商品的买卖情况，而商品的买卖才是消费需求的本质。但是，如果我们能利用好上文提到的遗产清单的某一种特性便可以弥补这种缺陷，即通过对较长一个时期内的遗产清单的搜集探究消费习惯的延续和变化。

第三节　秘鲁总督区的"北京集市"：贸易和消费
（1680—1740）

要探讨中国纺织品在查尔卡斯审问院管辖区和拉普拉塔河区域的流通情况，

应该从利马着手。首先应该探讨的是，这座港口城市为何获封"北京集市"的称号。①

大西洋港口的官员们对太平洋贸易轴线上发生的事情非常关注。18 世纪上半叶的最后几年，布宜诺斯艾利斯的一位商人代理多明戈·马尔科雷塔（Domingo Marcoleta）向西印度议会报告称，利马像是开启了"北京集市"。马尔科雷塔称，在秘鲁流通的 1800 万件商品中，很多都来自亚洲，这种现象很难用过去的波托韦洛交易会上的贸易活动来解释，也难以用新的船只登记制度来解释。船只登记制度指的是向布宜诺斯艾利斯供应商品或驶过合恩角到达智利和秘鲁的太平洋沿岸的商船需要进行登记的制度。在法律禁止的情况下，亚洲商品仍能进入，是因为"秘鲁商人一直有意与巴拿马和墨西哥开展贸易"。② 马尔科雷塔认为，利马商会应该对拉普拉塔河港口的走私活动负责，对 1740 年内陆省船队贸易的终止和波托韦洛官方交易会的停办负责。

也许马尔科雷塔的看法有些夸张了，但是的确有证据表明，整个秘鲁都有出售亚洲商品的非官方交易会的存在。从 17 世纪的最后 25 年起到 18 世纪上半叶，从瓜亚基尔到智利的圣地亚哥，再到图库曼省内部，南美洲的太平洋沿岸无不充斥着亚洲商品。亚洲商品经过三条非法路线流入这里。其中两条为太平洋路线，另外一条是南大西洋路线。大西洋路线由葡萄牙人运行，途经布宜诺斯艾利斯港。17 世纪下半叶以来，在亚洲和非洲运行的葡萄牙商船被官方批准可以从非洲海岸直接驶向巴西，无须在葡萄牙中转。这些登记船只载着奴隶和大量亚洲商品到达了萨尔瓦多和巴伊亚。其中，很大一部分商品被转运到布宜诺斯艾利斯港，同时也通过图库曼圣米格尔、科尔多瓦和门多萨地区传统的贸易和销售网络运往智利和上秘鲁（Alto Perú）。③

亚洲商品进口的第二条路线建立于 1700 年至 1720 年期间，法国商船在中国广东和秘鲁之间建立了直达航线。一艘艘载着大量亚洲商品的商船在穿越麦哲伦海峡后抵达南美洲的太平洋沿岸港口。法国商人通过在沿海各地进行非正式的交易会获取白银，然后和秘鲁人一起与菲律宾和广东开展直接贸易。商人

---

① Marcoleta, "Nueva Representación", 1915, tomo Ⅴ, p.153.

② 同① 153-156.

③ Do Amaral, *A Bahia*, 2000, pp. 278-279.

们用秘鲁白银换取亚洲商品，打算在返回圣马洛的路上再次在秘鲁太平洋沿岸中转并在那里卖掉这些商品。这条路线的核心在于太平洋南部海岸，如康塞普西翁、瓦尔帕莱索、皮斯科等地，而卡亚俄港以北的区域则主要从新西班牙获取亚洲商品。在科尔多瓦的遗产清单中，很大一部分的中国纺织品都来自智利海岸。广东和秘鲁之间的直接贸易持续了数十年，亚洲纺织品在科尔多瓦和布宜诺斯艾利斯的流通和消费正处于这一贸易的鼎盛时期。①

　　第三条路线比以上两条路线都更为强大和系统化，那就是经过阿卡普尔科港的新西班牙路线。中国和美洲之间最重要的、正式的联系桥梁就是著名的马尼拉大帆船。②马尼拉大帆船将菲律宾和墨西哥连接在一起，大批中国、日本和亚洲其他地区的商品从阿卡普尔科流入美洲，数量之多超出了新西班牙市场的消费能力。剩余的商品被重新送往秘鲁港口。商品从瓜亚基尔、派塔、卡亚俄和皮斯科被运往秘鲁各地，像瀑布一样通过陆上路线从利马向萨尔塔、图库曼和科尔多瓦流动。这条海上路线的主干线被我们称作"西属美洲的中国丝绸之路"。通过这条路线，墨西哥的外国商品以及那些被西班牙和外国商船运到波托韦洛的商品一起流通。

　　根据遗产清单所显示的信息，在利马—萨尔塔—卡塔马卡—图库曼—科尔多瓦—布宜诺斯艾利斯这条路线上，和亚洲商品一起流动的还有很多来自欧洲、新西班牙、中美洲以及秘鲁本地及周边地区的商品。关于本地商品，我们发现了供厨房使用的波托西银器，秘鲁的剑，科金博的铁桶，来自基多、库斯科、卡哈马卡和图库曼的家具，基多的布，本地的服装，库斯科的帆布或布料，科尔多瓦、拉里奥哈和图库曼的布料。和中国商品一起流通的外国商品主要有这些来自不同产地的各种质量的布料：来自卡斯蒂利亚、英格兰、塞哥维亚、格拉纳达、佛兰德斯、那不勒斯、热那亚、德国、俄罗斯或普鲁士的麻线、布列塔尼布、粗棉布、细棉布、丝绸、彩色印花棉布、德国桌布和粗羊毛布。③

　　马尔科雷塔所控告的利马拥有大量东方商品的事件绝非个例。18世纪初，阿尔善斯·德·奥尔苏阿·伊韦拉（Arzans de Orsúa y Vela）将波托西描述为享

---

①　Malamud, *Cádiz y Saint Maló*, 1986；Bonialian, *El Pacífico*, 2012, pp. 228-245.

②　Schurz, *El Galeón*, 1992.

③　这些商品是我们在查阅有关亚洲商品的遗产清单时发现的。

受着贸易全球化带来的成果的小镇。这里的店铺里满是来自世界各地的商品。作为白银产地，波托西的采矿中心拥有大量的外国商品，其中最重要的有：

> ……来自印度的珠子、水晶、象牙和宝石，来自锡兰的钻石，来自阿拉伯的香水，来自波斯、开罗和土耳其的地毯，来自马来半岛和果阿的各种香料，来自中国的白瓷和丝绸连衣裙。[①]

18 世纪最初 10 年，在南美洲太平洋海岸劫掠过往商船的英国海盗伍兹·罗杰斯（Woodes Rogers）表示，秘鲁人很喜欢用中国的精美丝绸和锦缎来显示自己的财富。不过，这些商品并没有使从欧洲带来的产品逊色多少。[②]1725年 2 月至 10 月，秘鲁太平洋沿岸港口查封了多达 1414 件亚洲商品，其中有 400 件黑色和彩色的北京（pequines）布、750 件 pasúes 布、67 件缎子、90 件罗缎、50 块镶嵌珍珠和金花的大理石、16 块布朗奎尼布、341 件裙子和 300册亚洲棉质笔记本。虽然法律规定扣押的亚洲物品应立即运往西班牙，但大批货物与许多其他物品一样，被拍卖给出价最高的人。[③] 详细的案例表明，布料等织物占亚洲商品的很大一部分，如 1724 年被查处的"国王"号（Los Reyes）和"罗萨里奥"号（El Rosario）、1742 年被查处的"拉梅赛德圣母"号（Nuestra Señora de la Merced）等船上的丝绸、缎子、萨雅裙、花缎、北京布、罗缎、锦缎、纱、条纹花布等被没收并拍卖，之后在总督区的内部市场上流通。[④]

亚洲潮流风靡秘鲁上层社会。各种各样的东方奢侈品，如带有精美的动植物插图的亚洲书桌、床的靠背、床帐、屏风、箱子、抽屉，精美的瓷器、毯子、丝绸布料、象牙雕塑等，无不增强了物品所有者的社会声望，满足了精英群体的高端消费需求。最富有的家庭会在家中珍藏多种来自东方的家具和装饰物。这些物品可以在商人和殖民当局的遗产清单中找到，其中"时髦"一词常用于

[①] Orsúa, *Historia de la Villa*, 1965, tomo Ⅰ, p. 8.

[②] Schurz, "Mexico", 1918, p. 395.

[③] AHCM-CM, Cargo de comisos, Mayor de Contaduría, expediente 504, f. 102v.

[④] AGI, Lima, legajo 411, f. 128; AGI, Quito, legajo 170, expediente 1, s/n de f.; AGI, Lima, legajo 1475, expediente 2, s/n de f.

描述这些物品。接下来，我们看一些案例。

1727 年，利马著名商人安东尼奥·德·克雷雅祖（Antonio de Querejazu）的遗产清单中有 3 个中国床靠背、3 个深红色锦缎门帘。1761 年，托雷·塔格莱（marqués de Torre Tagle）侯爵的遗产清单中记载了一张来自中国的黑色书桌、一张放有东方木盆的桌子。时任商会法院法官的胡安·德·瓦尔迪维索（Juan de Valdivieso）有 3 个来自中国的 malagones。[①]1722 年，家住智利拉塞雷纳市的富人彼得拉·布兰卡·德瓜纳（Piedra Blanca de Guana）侯爵夫人的遗产清单中记载了中国瓷器、亚麻和丝绸连衣裙。[②]1715 年，德尔瓦列·德·圣地亚哥（Marqués del Valle de Santiago）侯爵、新格拉纳达省长弗朗西斯科·贝罗特兰（Francisco Berroterán）的遗产清单也记载了一系列中国商品，如窗帘、锦缎椅套、丝绸床帐和靠垫、4 个不同颜色的带图案的大型书桌以及各种瓷盘和碗。[③]1704 年，波托韦洛中将、负责监视内陆省大帆船贸易的高级官员之一何塞·德拉·腊涅塔（José de La Rañeta）被没收了中国丝绸和瓷器等物品。[④]1713—1715 年，图库曼省的重要人物，中尉何塞·德·卡夫雷拉·伊韦拉斯科（José de Cabrera y Velazco）的财产清单中记载了精美的中国织物，如价值 60 比索的扭纹粗布外套、价值 80 比索的蓝色锦缎外套、6 件 "中国缎面车帘" 和内衬马裤。[⑤]

东方商品的魅力之大，使总督这种级别的高级官员都为之动心。通过与商人合伙或与商人竞争，总督和官员们积极地参与和新西班牙之间的亚洲商品的贸易和消费。对于官员们而言，如果遵守法律禁令、拒绝参与亚洲商品的消费文化只会将自身与在那个时代代表社会地位和名望的物品隔绝开。官员们不得不接纳利马大商人树立的关于豪华生活、"奢侈消费" 的重要指标并互相攀比。18 世纪上半叶末期，狄奥尼西奥·阿尔赛多·伊埃雷拉（Dionisio Alcedo y Herrera）对时任（1736 年）基多法院院长何塞·德·阿劳霍·伊里奥（José de

---

① Turiso, *Comerciantes*, 2002, pp. 58-62.

② Sayago, *Historia*, 1973 p. 367.

③ Duarte, *Mobiliario*, 1996, pp. 26-161；同一位作者, *Patrimonio*, 2002 pp. 102-167.

④ Castillero, *Economía*, 2006, p. 338.

⑤ AHPC, Ramo Escribanía 1, año 1713, legajo 232, expediente 2, fs. 9 y 10；y año 1730, legajo 264, expediente 3, fs. 190-191.

Araujo y Río）提出指控，称其通过"圣费尔明"号（San Fermín）皇家轮船将价值超过 20 万比索的"来自中国和欧洲的服装"从阿卡普尔科运至派塔港。[①] 1714 年，时任巴拿马皇家法院检察官的何塞·略伦特（José Llorente）因同意买卖和消费"从秘鲁运来的中国布料"被罚款 2000 比索。[②]

事实上，没有任何一位总督不为精美的东方商品动心。1671 年，秘鲁总督莱莫斯伯爵以向新西班牙总督递交文书为由派"上帝圣胡安"号（San Juan de Dios）皇家护卫舰驶向阿卡普尔科。8 个月后，护卫舰载着大量中国布料和其他商品返回。[③]18 世纪初，西班牙皇室收到一封匿名信，信中指控总督蒙克洛瓦（Monclova）伯爵组建了由重要人物构成的地下贸易网络，将亚洲商品引入秘鲁。信中称，万卡韦利卡省长约瑟夫·德·安古洛（Joseph de Angulo）、商会秘书长布拉斯·德·艾莎（Blas de Ayessa）和蒙克洛瓦三人以运送水银的名义前往墨西哥，并运回各种中国布料。这一行动利润非常丰厚，西班牙王室不曾有过这么有权势的封臣。[④] 阿尔善斯·德·奥尔苏阿·伊韦拉（Arzans de Orsúa y Vela）在《波托西往事》中写到，1710 年，总督卡斯蒂尔多斯路易斯（Castelldosruis）因"被法庭官员烧掉了中国服装"而惋惜不已，这件事加速了他的离世。虽然这种说法有一定程度的夸张，但是这一材料强调的是，总督所拥有的亚洲织物尤其是丝绸制品的价值达 2.2 万比索之多。[⑤]17 世纪的后 25 年初期，秘鲁总督卡斯特利亚尔伯爵被利马商会的商人指控，称其从阿卡普尔科进口亚洲织物并在秘鲁进行买卖和消费。这些商品应该是用运往墨西哥的价值 300 万比索的水银换来的，没有缴纳任何税款。[⑥]

目前为止，我们只看到了问题的一部分。如果我们只把目光聚焦在精英阶层，那么我们观察到的秘鲁总督区的亚洲商品的流通和消费情况将是不完整的。18 世纪末，那些不属于精英阶层但敢于跻身上层社会的秘鲁最自由的女性们身着中国丝绸，喷着东方香水。她们跟随"上层人士"的消费模式，以求跻身于

---

① AGI, Ramo Quito, legajo 133, expediente 38, s/n de fs.

② AGI, Ramo Panamá, legajo 232, expediente 11, fs. 119-123.

③ Mugaburu, *Diario*（*1640-1694*）, 1918, pp. 13-14.

④ Moreyra y Céspedes, *Virreinato*, 1955 tomo Ⅲ, p. 319.

⑤ Orsúa, *Historia de la Villa*, Tomo Ⅱ, p. 482.

⑥ Suárez, *Desafíos*, 2001, p. 376.

高等社会的圈层。在秘鲁，为了追赶消费时尚的潮流，连修道院的修女们都身着中国丝绸，在用东方瓷器装饰的房间里享用晚餐。[①]18 世纪初，利马商会承认，秘鲁的亚洲商品贸易非常活跃，商会断言，亚洲商品很普通、很一般且便宜。[②]通过这些词汇，利马商界精英们想要表达的观点是：亚洲风潮并不是上层人士的消费象征，而是适应了中下层消费群体的需求的便宜货。

秘鲁对亚洲商品的消费最初只是精英群体专属的一种审美潮流，但是后来，这种消费覆盖了普罗大众，实现了更广泛的传播。不同的社会阶层收入不同，能享有的亚洲商品的种类也有所不同，但他们属于同一个消费网。中国瓷器和丝织品无疑在东方"大众"商品中占主导地位。派塔、瓜亚基尔、卡亚俄等地从墨西哥进口了大量亚洲产品，有能力满足本地的基本需求，特别是不同社会阶层在服装上的需求。在瓜亚基尔的商店中，在利马和图库曼省的区域性贸易公司的清单里，都有关于亚洲商品的记录：丝绸长筒袜、北京布、二等和三等的日本印花布、印度的麻布、丝带、象牙梳、丝绸帕子，还有一些普通织物，如薄质丝绸、普通帆布、平纹细布、轻质锦缎（damasquillo）及 aceituni等。[③]一个没有继承人的人去世后，中下社会阶层也可以通过公开拍卖获得逝者留下的亚洲商品。[④]就连官方都为中国瓷器和丝绸的流入辩护，因为穷人的收入有限，买不起更贵的衣服（如西班牙的衣服），但是买得起中国衣服。

无可置疑的是，销售成本低、利润丰厚是亚洲商品得以系统性地进入南美市场的重要原因。但是，消费市场的广泛需求也是决定商品供应的一个重要因素，虽然这种需求是非法的，但它却是保证和促进亚洲商品贸易繁荣发展的推力。

---

① Martín, *Las hijas*, 2000, pp. 297-298 y 340.

② 例如，1706 年，利马商会称，从秘鲁流出的数百万比索的白银只换来了这么粗陋的商品，得不偿失。Moreyra, *El Tribunal*, tomo I, 1956, p. 14.

③ ANL, Ramo Real Hacienda, Guayaquil, Legajo 500, cuaderno 41, año 1748, f. 37; ANL, Ramo Real Tribunal del Consulado de Lima, Sección Judicial, caja 161, documento 159, año 1768-1769, f. 15.

④ Duarte, *Mobiliario*, 1996, p. 232; AHPC, Ramo Escribanía 1, año 1724, legajo 250, expediente 9, fs. 35-36.

第四节　布宜诺斯艾利斯、科尔多瓦和西班牙帝国的史学地理轴线

　　要想揭秘曾在图库曼省和布宜诺斯艾利斯出现过的中国商品，需要先了解 18 世纪的西班牙帝国的史学地理轴线经历了哪些变化。关于这一点，虽然有很多议题和讨论，但最令人信服的观点是，18 世纪初的几十年里，图库曼省和布宜诺斯艾利斯对波托西—利马贸易路线仍有很强的依赖性。这一观点由塞斯佩德斯·德尔·卡斯蒂略（Céspedes del Castillo）提出。他认为，虽然官方贸易遭遇危机，但波托韦洛交易会在 1730 年仍在运行。[①] 然而，在探讨中国商品和其他亚洲商品的流通时，我们应该用全局眼光来思考。从殖民时期早期开始，与西班牙—波托韦洛—查尔卡斯—布宜诺斯艾利斯贸易轴线同时强有力地运行着的还有太平洋贸易轴线，我们将后者称为"西属美洲的中国丝绸之路"。[②] 接下来，我们看一下上文提到的亚洲商品流入西属美洲的第三条路线。

　　1740 年开始，南美对太平洋一侧的重视程度有所减弱，其经济在很大程度上依靠布宜诺斯艾利斯港这一门户。作为商品分销点，利马的地位危机在很大程度上归因于两大贸易轴线的衰落：官方的波托韦洛—利马轴线和太平洋的非法轴线（连接阿卡普尔科港口和卡亚俄港口的轴线）。秘鲁内陆的商人最终转向与以布宜诺斯艾利斯为中心的南大西洋沿岸开展贸易，使波托西白银更频繁和系统地流向布宜诺斯艾利斯。从 17 世纪末或 18 世纪初开始，布宜诺斯艾利斯的贸易活动有所增长。在这一时期，登记船只的到达更为频繁，不仅向布宜诺斯艾利斯本地市场供应欧洲商品，还向总督区的内部市场输送商品。但是，作为该地区的进出口港，布宜诺斯艾利斯在大西洋的主导地位直到 18 世纪下半叶才得以确立。那时候，它作为存储地向内陆地区供应商品，极大地挑战了利马的地位。史学地理贸易轴线从太平洋转到大西洋在很大程度上归因于卡洛斯三世领导的波旁政府所推行的经济政策，这些政策推动了一些重大的经济改革的

---

① Céspedes, *Lima y Buenos Aires*, 1947, pp. 34-35.

② 请参阅本书第二章。

实施，如 1776 年拉普拉塔总督区的建立以及 1778 年《自由贸易法规》的颁布。

在这样的进程中，中国商品扮演着什么样的角色呢？它们是推动不同时期路线变化和商品需求变化的主角。中国商品和所有欧洲商品以及本地商品同时流动，为上述贸易路线注入生机。18 世纪上半叶，经太平洋路线（阿卡普尔科—卡亚俄）进入萨尔塔、图库曼、科尔多瓦以及布宜诺斯艾利斯的所有商品中，中国丝绸等纺织品占大多数。18 世纪下半叶，亚洲商品中以中国瓷器居多。这些瓷器经大西洋一侧的布宜诺斯艾利斯流入。波托韦洛帆船制度和交易会停止后，布宜诺斯艾利斯港成为运送欧洲商品的个体商船的最佳目的地。接下来，我们将仔细分析这一现象。

经济史学界一般认为 18 世纪上半叶是危机时期，因为这一时期波托西白银生产停滞，秘鲁市场解体、出现去货币化。[①] 但是，令我们感到吃惊的是，这一时期的遗产清单向我们展现了一种更为乐观的景象，人们的物质生活丰富多样，外国商品种类繁多，尤其是外国布料和织物。然而，也有很多矛盾之处。例如，秘鲁银矿的生产危机影响了白银的流动，但是与此同时，对内和对外贸易却没有停滞。知名研究表明，17 世纪末至 18 世纪初，虽然银矿出现生产危机，秘鲁内部的贸易活动以及大西洋港口的贸易活动就算没有增加，也没有减少。在探究布宜诺斯艾利斯和秘鲁内部的贸易进程时，穆托基亚斯（Moutoukias）提出，这些消费市场的商品需求并未和波托西的白银生产保持同样的减少趋势。[②] 我们恰恰应该用这一观点来解释中国商品的流入和消费情况。

的确，在 18 世纪上半叶，中国的面料和纺织品无疑是图库曼省和布宜诺斯艾利斯消费最多的东方商品。它们的存在不仅在美洲很普遍，在全世界都得到了普遍认可。在 18 世纪，欧洲的东方商品贸易公司对从中国进口丝绸纺织品表现出极大的热情，中国的丝绸纺织品与印度的茶叶和棉花一起流入欧洲，是

---

① Assadourian, *El Sistema*, 1982. 据 Tandeter，波托西的白银生产危机出现在 1730 年。从这一年开始，由于米塔雅（mitaya）税赋的原因，白银生产有轻微复兴和增长。Tandeter, *Coacción*, 1992, p. 190.

② Moutoukias, *Contrabando*, 1988, p. 73. Véase también Tandeter, "El eje", 1991, pp. 185-201.

欧洲市场进口的主要商品之一。[①] 在本书所探讨的空间范围内，"中国织物"很大程度上指的是丝绸服装和面料，这是在纺织品中占主导地位的面料。

当时的许多研究都强调，中国拥有生产丝绸的天然条件，因此中国的丝绸质量优于欧洲的丝绸质量。中国是丝绸业的摇篮。胡安·莱拉内斯·伊杜瓦尔（Juan Lanes y Duval）在 1787 年发表的关于"蚕的养殖工艺"的研究中强调，中国蚕丝的优越性源于中国的气候和地理条件适宜蚕的养殖。[②] 同时期的马洛·德·卢克（Malo de Luque）也得出以下结论：

……欧洲生产的丝绸的多样性尚未达到中国所达到的完美水平，中国丝绸的白度和多样性是其他任何丝绸都无法比拟的。[③]

18 世纪之前，中国的生丝一直享誉全球，欧洲试图仿造中国的生丝，但未能在白度和精细程度上达到中国生丝的水平。[④]（见图 3-1）

来源：http://larutadelasedcat.wordpress.com/rutadelaseda/

图 3-1 中国的蚕养殖和生丝采集

---

① 在 18 世纪上半叶，中国的丝绸纺织品在欧洲占主导地位；18 世纪下半叶，印度的棉织物开始占据主导地位。见 Blanning, *The Eighteenth*, 2000, pp. 234-250. Carmagnani, *Las islas*, 2012, pp. 122-138.

② Lanes, *Arte de la cría*, 1787, p. 245.

③ Malo de Luque, *Historia Política*, Madrid, t. V, 1790, p. 25.

④ Derry y Trevor, *Historia*, 1990, pp. 145-148.

让我们以更广阔的视野来讨论这一问题，首先来看一下中国纺织品进入西属美洲的方法。一切都从墨西哥开始，从马尼拉大帆船抵达阿卡普尔科港开始。18 世纪初，那些投资维拉克鲁斯船队和波托韦洛船队的西班牙商人认为，大西洋（波托韦洛）商品交易会成果不佳是因为中国面料在各种纺织品的竞争中占主导地位。做出这种控诉的依据是马尼拉大帆船进口的货物远远超出了新西班牙市场的需求和消费水平，而新西班牙市场是唯一允许消费这种商品的地方。^①西班牙王室意识到这一问题，试图保护本国和欧洲的纺织品制造业，于是在 1718 年禁止亚洲丝绸从新西班牙流入秘鲁，但该措施没有收到预期的效果。新西班牙总督瓦莱罗（Valero）侯爵完全无视相关规定，因为他认为中国面料是"普通服装"，价格"非常实惠"，并且比起西班牙船队，"新西班牙大部分地区都更期待着载有中国面料的商船的到来"，西班牙船队带来的裙子则价格较高。^②这一点似乎有目共睹，也是理解中国丝绸和纺织品何以在西属美洲广泛使用的关键。更确切地说，由于价格低廉，秘鲁总督区的普通民众都广泛使用中国纺织品，所以秘鲁对它们的消费需求甚至超过了新西班牙。做出这种论断的前提假设是，很多商品在没有登记的情况下，从菲律宾运往阿卡普尔科，因为它们针对的不仅是新西班牙市场的消费需求，还包括秘鲁总督区的消费需求。

相关资料表明，太平洋贸易轴线的海上运输路线和陆上运输路线相互交织，将来自中国的家用纺织品以及服装送达西属美洲的偏远地区。在科尔多瓦地区，中国纺织品的流通比在布宜诺斯艾利斯港的强度要大。在几十年间（1700—1740），太平洋贸易轴线以利马为中转站，为科尔多瓦和整个图库曼省带来了中国服装的消费热潮。

---

① Abreu, *Extracto*, 1977, tomo I, pp. 130-234.

② AGI, *Filipinas*, 206, núm. 1, fs. 823r-826v.

第五节　中国面料和纺织品在科尔多瓦和布宜诺斯艾利斯的繁荣景象

相关资料记载了中国纺织品的款式、形状和主要特征。我们发现，有数巴拉长的布料，有待加工的，也有制成品，既可以制成服装，也可以制成其他家用物品。科尔多瓦、萨尔塔、图库曼、圣地亚哥—德尔埃斯特罗和布宜诺斯艾利斯所消费的中国布料有真丝缎、塔夫绸、锦缎、粗斜纹尼（jerga）、萨雅裙、罗缎、薄质丝绸、哔叽尼、普通帆布、平纹细布、帆布、衬里亚麻布、细羊毛尼（calamaco）、轻质锦缎、aceituni、防水羊毛尼（camellón）等。令人吃惊的是，丝绸及其他布料种类极其繁多、质量各异，满足不同喜好的消费需求，有普通质量的，也有上等质量的。商品清单用不同的词汇描述这两种质量的布料："精制""时髦"，或"次等质量"。不同布料有不同的用途，可以制成北京衣、紧身短上衣（armador）、毛衣（chupa）、粗布外套（hongarina）、斗篷、马裤、裙子、披风或披肩、大衣、围裙、长筒袜、长袍、帽子、手帕、全身裙、衬衫或夹克、腰带、教袍等。此外，这些布料还可以被制成装饰物等家用物品，如窗帘、床罩、床单、祭坛顶帐、罩子、靠垫、桌布、毯子、教堂檐篷、袋子、带子、地毯、床帐和床帷。

虽然布料的种类之多令人惊叹，但是也不应该就此断言在图库曼省和布宜诺斯艾利斯流通的中国布料会像在新西班牙总督区那样取代欧洲的服装和面料或对其构成竞争。[①] 没有人可以否认，在18世纪初，欧洲和西班牙的纺织品在科尔多瓦和布宜诺斯艾利斯的流通强度比亚洲纺织品的流通强度大。虽然波托韦洛船队路线的贸易量的确有所下降，但欧洲面料还在通过其他途径流入这些地区。除了墨西哥路线，还有一些来自西班牙的（经许可或未经许可的）登记商船登陆大西洋港口。此外，法国人和英国人利用西班牙授予的奴隶贩卖许可证进行走私活动，向该地区引入欧洲商品。拿1713年英国人的案例来说，他

---

① AGI, México, legajo 2501, "Memorial del Consulado de Sevilla de 1714", s/n de fs.; también Abreu, *Extracto*, 1977, tomo I, pp. 120-128.

们被允许额外运输——仅计算合法数量——500 吨商品。[1] 尽管如此，我们也不应该低估亚洲纺织品的消费规模。18 世纪前 40 年，仅有两艘商船在 1707 年和 1726 年到达美洲，成果非常差，大西洋路线最终走向消亡。大西洋船队贸易的停滞和危机所留下的空白被走私活动填补，通过太平洋路线进口中国布料变得尤为重要。这样一来，由于免于缴纳税款且躲过了海关的管制，中国商品价格相对低廉且易得。下文将提到，1 巴拉的亚洲丝绸或其他布料比本地产的布料价格还低，本地布料在 18 世纪初价格过高。[2] 毫无疑问，中国布料的廉价性是吸引消费者的一大重要因素。

　　众所周知，由精美的亚洲丝绸制成的服装或布料是精英消费的特征。上层社会是炫耀中国纺织品的重要圈层，委托监护主、船长、中尉、牧师和富家小姐等无不以使用中国纺织品为荣。一些非常昂贵的面料甚至远远超过欧洲同类面料的价值。1717 年，科尔多瓦大户人家的小姐何塞法·萨维娜·维利亚蒙特（Josefa Savina Villamonte）收到了她的嫁妆，其中包含 2 条床单，一条是中国的金线镶边大床单，另一条是英国的床单。中国床单估价 280 比索，相当于当时买一个奴隶的平均价格。[3] 英国床单估价 50 比索，不到中国床单价格的 1/4。[4] 另外，还有胡安·何塞·坎佩罗（Juan José Campero）侯爵的案例，在他长长的财产清单中，有一件"新的精美的中国花缎织锦珍珠衬衫，价值 230 比索"。[5]

　　根据我们在清单中看到的字眼，在那个时代，中国丝绸被视作"时髦"商品，是社会上地位最高的人所追赶的一种潮流。清单中常用"时髦"一词来形容"北京裙""中国夹克""中国带花光面绸"等船长、军官和小姐们爱用的服装或面料。虽然是不合法的，但拥有中国面料做的衣服是上层身份的象征，是向"精致阶层"靠拢时应该追随的一种潮流。禁令一点也没能阻碍人们选择中国服装或将中国布料用于家中装饰上，对中国纺织品的使用扩展到了广泛的公共空间中。中国丝绸的吸引力已经超出了服装的范畴，许多上尉和教职人员都

---

[1] Studer, *La trata*, 1958, pp. 237-249.

[2] Salas de Coloma, *Estructura colonial*, 1998, t. Ⅱ, pp. 380-382.

[3] 奴隶的价格因年龄、健康状况和性别而异。根据所查阅到的一些清单，奴隶价格从 50 比索到 400 比索不等。

[4] AHPC, Protocolo, Registro 1, tomo 100, f. 227.

[5] Schenone, Gori, Barbieri, *Patrimonio artístico*, 1991, Apéndice, p. 426.

用中国布料做车帘或车篷，排场地行驶在城市的街道上。[①]

精英阶层对精美的中国丝绸的消费是不容置疑的事实，中国纺织品与欧洲纺织品与其说是竞争关系，不如说是互补和共存的关系。但是我们的目的是以更全面的视角来看待问题，超越把"中国"或"亚洲"商品看作"奢侈""奢华"商品的传统视角，将其视为殖民时期物质文化的一种独特构成。殖民时代的大部分时期，西班牙法律禁止中下层社会群体使用金银、丝绸制成的衣服或其他仅供社会"主要居民"消费的奢侈商品。我们知道，在科尔多瓦，黑白混血人或梅斯蒂索人如果在公共场合穿着豪华衣服将会受到处罚甚至受到暴力压迫。[②]对精英阶层所引领的穿衣潮流的模仿可以这样解释：某些社会群体想在穿着打扮上和上层社会保持一致，以跻身上层社会。当时的法律规定使衣着成为社会、种族、经济地位的清晰象征。但是，问题是：普通社会群体是如何得到那些被认为是"奢侈商品"的中国服装的？仅仅是文化符号的力量在驱使着中下层社会群体购买那些最初仅限于精英阶层消费的丝绸布料或服装吗？

我们应该从贸易或经济方面思考这些问题，特别是商品的供应方面。换句话说，中国纺织品的多样性及质量是使殖民地社会的大部分人自主选择消费它们的关键。18世纪在图库曼省和布宜诺斯艾利斯流通的中国商品向我们展示了一种新的现象：在18世纪初，中国丝绸不仅仅局限于精英圈子，特权阶层之外的"普通"居民也可以拥有和消费。17世纪末，耶稣会士安东尼奥·玛丽亚·法内利（Antonio María Fanelli）神父在从布宜诺斯艾利斯前往智利时吃惊地发现，低收入人群竟然消费得起中国丝绸和南京棉织物，因为它们的价格比欧洲面料低。[③]科尔多瓦和布宜诺斯艾利斯的情况也一样。中低收入群体（甚至连奴隶）都有能力穿上质量一般、价格便宜的亚洲衣服。18世纪在图库曼省和布宜诺斯艾利斯流通的中国商品还体现了另一个非常重要的现象：中国丝绸的普及同样也体现在地理空间上，它的消费跨越了"城市"边界，延伸到远离城市的农村地区，如圣安东尼奥·德·托托拉尔（1708）、伊斯奇林山谷（1711）、

---

① 请参阅科尔多瓦 Valentín Escobar Bezerra（1690）的案例，科尔多瓦大教堂唱诗班领班 Bazán de Pedrás Gil（1716）的案例以及 José Cabrera de Velasco（1713）上尉的案例。

② Concolorcorvo, *El Lazarillo*, 1946, pp. 58-59.

③ Fitte, *Viaje al Plata*, p. 52.

里奥塞科（1721）和多明戈·德尔科拉尔（1724）等地。在分析其他证据之前，我们先看一下事情的来龙去脉。

首先，我们将探讨18世纪上半叶中国纺织品和丝绸在西属美洲流通和消费的新的繁荣景象及其与本地和欧洲制造业发展之间的关系。那么，史学界对本地纺织品的生产状况做了哪些研究？这种状况与中国纺织品的流入和消费有何关系？18世纪上半叶秘鲁的本地制造业处于危机阶段还是繁荣阶段？西尔瓦·桑蒂斯特万（Silva Santisteban）表示："制造业最繁盛的阶段是17世纪末和18世纪初。"[①]这意味着，在本地产品的贸易实现增长的同时，中国纺织品的贸易和消费活动也在增长。西尔瓦没有指出本地制造业繁荣发展的原因，但是萨拉斯·德·科洛马（Salas de Coloma）的研究给出了答案。他指出，秘鲁本地的纺织品生产，尤其是位于瓦曼加的纺织品工厂在1660年至1760年期间实现了长期增长并成功地满足了秘鲁多个地方的消费需求，如波托西和奥鲁罗等地。科洛马认为，由于海外贸易的中断和危机、欧洲面料进口量的减少，导致消费市场出现物品短缺的现象。这种短缺反过来提高了当地面料的价格。在这种情况下，本地面料开始受到更多人的欢迎，在此之前消费欧洲纺织品的人群成为本地面料新的消费者。[②]

科洛马之所以做出这样的解释是因为他认为，17世纪末和18世纪初，秘鲁本地的制造业并没有出现停滞。这种说法是对阿萨杜里安（Assadourian）的论点的质疑。后者认为，制造业的经济活动与矿业危机有关。如果银矿生产出现下降，将影响秘鲁的整个经济部门，使该地既有的高度自给自足的经济体系出现瓦解，进而对外国纺织品产生严重依赖。[③]

双方的观点可谓截然不同。科洛马认为，秘鲁本地纺织品业的增长满足了普通大众的消费需求的同时，上层社会对高级纺织品的需求也促进了本地纺织业的发展。阿萨杜里安认为，本地纺织品和国外纺织品的关系与其说是竞争，不如说是互补。实际上，整个殖民时期，西班牙为加强秘鲁本地纺织业而实行的限制性政策针对的应该只是高级纺织品的生产，这一市场原则上应该由西班

---

① Silva Santisteban, *Los obrajes*, 1964, p. 162.

② Salas de Coloma, *Estructura colonial*, 1998, t. Ⅱ, pp. 380-386.

③ Assadourian, *El Sistema*, 1982, pp. 191-207.

牙和欧洲纺织品供给。① 阿萨杜里安认为，秘鲁本地纺织业，尤其是在危机期间，没有能力满足人们对普通纺织品的需求，更没有能力满足人们对高级纺织品的需求，而人们对高级纺织品的需求只有依赖外国商人的进口才能得到满足。

与上述分歧不同，史学界对 18 世纪下半叶的情况持高度一致的看法。阿萨杜里安、科洛马和阿尼瓦尔·阿尔孔多（Aníbal Arcondo）对科尔多瓦的研究表明，外国面料在图库曼省的普及始于 1740 年左右，那时的对外贸易更为自由，税赋较低。阿尔孔多表示，梅斯蒂索人传统衣服有"本土服装"、本地生产的帆布、科尔特亚特（cordellate）布、粗羊毛织物（bayeta）等面料，但是，这些面料逐渐被帆布、布列塔尼布、普通帆布等亚洲和欧洲的面料替代，因为后者的生产成本和销售成本更低。他还指出，港口的开放和大部分人的生活水平的提高对特权阶层设定的严苛的着装规范提出了质疑，促进了欧洲布料甚至亚洲布料的流行。②

此外，阿萨杜里安和阿尔孔多一致认为，本地纺织品的危机出现在 18 世纪下半叶。当时，英国纺织品打入了大众市场，在此之前，这一市场一直由本地纺织业占据。简而言之，18 世纪下半叶，在英国工业革命拉开序幕、美洲开放了自由贸易的背景下，消费意识扩展到更广泛的社会阶层。这一时期，由于棉布的大规模生产和（自由贸易带来的）运输方式的改善，欧洲纺织品成为广受欢迎的消费品。

这种情况有助于理解 18 世纪初期中国纺织品的大量流入和消费。我们认为，不管是出现了危机还是正常运作，本地制造业都无法满足该地区对质量普通而廉价的纺织品的消费需求。官方贸易体系的危机使欧洲纺织品的供应陷入困境，亚洲丝绸及其他面料成为最受本地消费者青睐的纺织品之一。中国纺织品的独特之处不仅在于它克服了禁令的障碍，更重要的是它满足了不同社会阶层的消费需求。它在质量和价格方面的多样性是其征服这个有双重需求（精英阶层的需求和普通大众的需求）的市场的武器。

让我们回到对贸易本身的关注上来。在卡洛斯三世实行"自由贸易"政策

---

① 如果我们采纳这种看法，那么就完全可以理解为什么西班牙一直坚持不懈地限制和禁止西属美洲的亚洲商品的消费和贸易了。

② Arcondo, *El ocaso*, 1992, pp.103-227.

之前，合法贸易的危机和各种走私活动的兴起导致进口纺织品的成本下降，平民和梅斯蒂索人都可以获得那些最初只有精英阶层才能消费的物品。质量和价格的多样性使中国纺织品的"潮流"在消费者之间得到"普及"，触及了广泛的社会群体。上文曾提到：在 18 世纪初，中国纺织品是从墨西哥转运或从中国广东直接运过来的，这些途径避免了税款的缴纳，得以通过拍卖的方式以极低的价格流入美洲。从比亚洲商品更广的范畴来讲，外国商品的"普及"甚至覆盖了拉普拉塔河地区。费尔南多·朱马尔（Fernando Jumar）指出，经大西洋港口走私的布列塔尼布和法国纺织品降低了其价格成本，使大多数人都买得起它们。[1]

接下来我们来探讨更为精确的数据，即商品的价格和价值。我们将同时比较本地面料、欧洲面料和中国面料的价格。这一讨论将基于各种财产清单和商品扣押记录实现，并利用阿尔孔多提供的丰富信息对其进行补充。但是，需要强调的一点是，我们尚不能给出绝对的结论，因为无论是本地纺织品还是亚洲或欧洲的纺织品，其价格都与质量或工艺复杂度有关。正如上文提到的，中国纺织品有着多样的质量和价格，所以各个社会阶层的人都可以买到与自身消费能力相对应的中国纺织品。

1705 年，科尔多瓦胡安·德·帕切科（Juan de Pacheco）上尉的女儿安娜·帕切科（Ana Pacheco）的嫁妆清单显示，一件深红色的中国绸缎裙价值 24 比索，而用格拉纳达丝绸制成的同样的裙子是其价格的 3 倍多——90 比索。[2]1704 年，科尔多瓦弗朗西斯科·德·卡布雷拉（Francisco de Cabrera）上尉的妻子卡塔琳娜·德·卡布雷拉（Catalina de Cabrera）太太的遗产清单显示，"用当地布料制成的裙子"价值 5 比索。我们发现，同一时期，科尔多瓦的一位名叫米卡埃拉（Micaela）的"自由身的黑人妇女"的遗产总额不超过 540 比索，在她的几件衣服中，有"一条来自中国的缎裙"，价值不到本地裙子的一半：2 比索。通过这个案例可以看出，中国布料制成的衣服连奴隶都可以拥有。[3]

接下来我们来看一下未加工的面料。1720 年，布宜诺斯艾利斯居民佩德罗·康斯坦萨（Pedro Constanza）的逝世文书显示，1 巴拉的"中国普通塔夫

---

① Jumar, *Le commerce*, 2002, t. I, p. 147-155.

② AHPC, Protocolo, Registro 1, tomo 98, s/n de f.

③ AHPC, Protocolo, Registro 1, tomo 98, f. 136v.

绸"价值4雷亚尔。据阿尔孔多的数据，位于科尔多瓦的耶稣会的纺织工厂以及位于拉里奥哈和卡塔马卡等地的纺织中心所生产的供印第安人、黑人和梅斯蒂索人使用的粗呢和帆布布料的价格分别为8雷亚尔每巴拉和7.7雷亚尔每巴拉。[1] 在图库曼和布宜诺斯艾利斯地区消费量很大的科尔特亚特布产于科尔多瓦的耶稣会纺织厂，可用于制作内衣，1732年，1巴拉的这种布料价值8雷亚尔。在卡塔马卡，同一时期，1巴拉的质量较好的（不普通的）中国缎子也是同样价值。[2]

还有两个时期稍晚一些的案例表明，1768年和1769年，中国丝绸拥有广泛的消费群体。第一个案例是军队层面的，从布宜诺斯艾利斯向圣地亚哥—德尔埃斯特罗行军的上尉、马夫和士兵们的清单对此有所记载。每个清单中都记载了银币、数巴拉的西班牙或本地产的普通粗呢、数巴拉的布列塔尼。同时，每个人都有中国丝绸手帕，这是用于擦汗或擦脸的基本饰物。[3] 这个案例非常重要，因为它为我们提供了非特权阶层所使用的面料的情况，通常，这些人的财产清单不具代表性，但是他们的确拥有一些中国纺织品。第二个案例是关于一名受俸教士的，体现了1769年像他这样的条件的人是如何体面地生活的。他的相关资料显示，普通桌布大约25比索，比那些只在有朋友光临时才拿出来展示的价值30或40比索的精美桌布便宜得多。不过，同一时期，在一个名叫查韦斯的人开的商店里，一张新的中国桌布外加10张餐巾只需要16比索，远低于受俸教士的"普通桌布"的价格，而且只相当于精美桌布价格的1/3。[4] 总之，上述案例表明，这里的人们消费各种各样的中国丝绸，从上尉到富家千金，再到平民、甚至奴隶都能拥有。

① AGN, Sucesiones, legajo 5335, s/n de expediente, f. 38；Arcondo, *El ocaso*, pp. 279-283.

② AGN, Sucesiones, legajo 3859, expediente 7, f. 22.

③ AGN, Sucesiones, legajo 6726, s/n de expediente, fs. 24-32.

④ Probst, "El costo", 1941, p. 438；Porro, Astiz y Rospide, *Aspectos*, 1982, volumen Ⅰ, p. 438.

第六节　从利马到科尔多瓦：布伊特龙·伊穆西卡上尉的案例

马尔科雷塔之所以将利马称为"北京集市"，是因为在这里大量富余出来的中国纺织品和商品被运往图库曼省。18 世纪在图库曼省和布宜诺斯艾利斯流通的中国商品清单表明，18 世纪初，中国丝绸在科尔多瓦的出现和消费情况非常可观。那么，中国丝绸是通过什么样的贸易机制进入该地的呢？换句话说，科尔多瓦拿什么来和利马以及秘鲁其他地方交换中国商品？要回答这些问题，首先应该来看一下图库曼地区和秘鲁总督区建立了什么样的贸易联系。

大约在 16 世纪末，科尔多瓦的纺织业取得了显著发展，但很快，在 17 世纪初，本地的纺织业就陷入了不可逆转的危机。其他地区，如亚松森、卡塔马卡、拉里奥哈以及与利马相邻的地区开始向科尔多瓦和图库曼供应粗布。从那时起，在利马、波托西等地消费需求的驱动下，骡子的养殖和贸易成为科尔多瓦最主要的经济活动，科尔多瓦成为该地区独家的骡子产地。[1] 科尔多瓦用骡子交换了大量外国商品和秘鲁商品。为秘鲁这样与全世界各种经济文化都有联系的经济枢纽提供骡子使科尔多瓦得以参与到贸易全球化的体系中。下文将要分析的布伊特龙上尉的案例即是这种贸易机制的体现，同时我们也将探讨中国纺织品在这一贸易中的主导地位。

1649 年，胡安·德·布伊特龙出生于塞维利亚，在十几岁时去了智利。在智利、秘鲁和图库曼经历了紧张的军事生涯后，他和曼努埃拉·德·利恩多（Manuela de Liendo）结婚并于 1692 年定居科尔多瓦。[2] 利恩多家族是图库曼省的显贵家族。曼努埃拉是船长、王室少尉胡安·德·利恩多（Juan de Liendo）的女儿，她结过三次婚：先是和米格尔·德·埃切瓦里亚（Miguel de Echevarría）；后来又和胡安·德·布伊特龙上尉结婚；在胡安·德·布伊特龙去库斯科以后，她又和贝尔纳多·布兰科·格拉（Bernardo Blanco Guerra）上尉结婚。[3]（见图 3-2）

---

[1] Assadourian, "Potosí", 1973, pp. 173-177.

[2] Guarda, *La Sociedad*, 1979, p. 116.

[3] AHPC, Protocolo, Registro 1, Inventario 86, 1692, f. 375. Lazcana, 1969, p. 76.

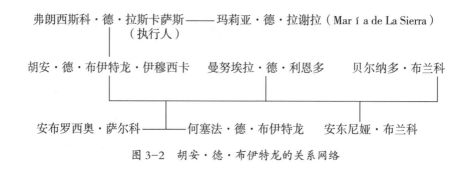

图 3-2　胡安·德·布伊特龙的关系网络

1695 年，布伊特龙开始在利马、库斯科、萨尔塔和科尔多瓦大量开展贸易活动。这一年，他和他的妻子曼努埃拉与科尔多瓦的圣卡塔利娜德塞纳修道院（Monasterio Santa Catalina de Sena）签署协议，协议规定，修道院的领导人将借给这对夫妇 1200 比索用于将至少 4780 头骡子从萨尔塔运到利马。要获得这笔贷款，这对夫妇必须将其位于修道院附近的大量房产和地产作为抵押。① 在获得运输许可之后，② 布伊特龙委托佩德罗·阿里亚斯·兰赫尔（Pedro Arias Rangel）中士负责骡子的看护，以便骡子顺利过冬并在库斯科、波托西和利马各地出售。这桩买卖最终取得了巨大成功。有了这笔钱，布伊特龙在 1698 年前往利马，在那里，他把多年来从骡子贸易中积累的资本用于购买"中国商品""库斯科商品"和欧洲商品，然后在科尔多瓦、图库曼省、圣地亚哥德尔埃斯特罗和萨尔塔等地出售。

不管是在出发之前还是在秘鲁停留期间，布伊特龙事实上是和曼努埃拉分开的。1707 年，曼努埃拉第三次结婚，这次是和科尔多瓦上尉贝尔纳多·布兰科·格拉。③ 布伊特龙没能看到他的贸易活动所取得的成就。1713 年左右，在其贸易活动蓬勃发展之际，布伊特龙在库斯科去世（原因不详）。当得知前夫逝世的消息之后，曼努埃拉立刻开始通过打官司处理财产继承问题，她对布伊特龙储存在秘鲁的商品格外关注，这些商品本是布伊特龙为了销往图库曼省而储

---

① AHPC, Escribanía *1*, 1740, 288, expediente 8, f. 119.

② "Juan Pablo Díaz de Cavallero se le ha otorgado fletamento de 3.500 mulares pertenecientes al capitán Buitrón", 22 de enero de 1695, en ahpc, Protocolo, Registro 1, tomo 89, 1965, fs. 36-39. 4870 头骡子中剩余的在萨尔塔。

③ AHPC, Protocolo, Registro 1, Inventario 100, 1707, fs. 223-224.

存的。曼努埃拉称，布伊特龙留下的财产应该归他的合法继承人所有，即他们二人的女儿何塞法·德·布伊特龙·利恩多（Josefa de Buitrón Liendo）。

在财产继承诉讼案中，关于遗产执行人和保管人弗朗西斯科·德·拉斯卡萨斯（Francisco de Las Casas），曼努埃拉认为："由于布伊特龙在逝世的时候留下了大笔财产，执行人在来到科尔多瓦时应该带来了大量资金。"[1] 曼努埃拉要求审理案件的法官下令：在布伊特龙的账目得到清算、何塞法取得他父亲留下的遗产之前，拉斯卡萨斯不得以任何方式离开科尔多瓦。与此同时，曼努埃拉授予她的现任丈夫贝尔纳多·布兰科全权管理她自己的财产并处理其前夫布伊特龙的遗产诉讼案。曼努埃拉在一份诉讼文件中明确指出：

……我的前夫胡安·德·布伊特龙上尉去世了，但是一些秘鲁人还欠他一些钱，到现在为止我还没能收回他的全部财产……我授权我的现任丈夫代表我全权处理此事。[2]

得到授权的布兰科在遗产诉讼案中担当主角，他指责遗产执行人弗朗西斯科·德·拉斯卡萨斯把布伊特龙在世时在秘鲁购买的许多商品藏了起来，这些商品本来打算在萨尔塔、图库曼省和科尔多瓦等地出售。根据布兰科的说法，执行人掌握的东西包括：

……不同价值的货币，布伊特龙的手稿和资料，银币和银锭，礼服，珍珠首饰，祖母绿和其他贵重的宝石，来自西班牙、本地以及中国的衣服，还有很多库斯科生产的商品。[3]

曼努埃拉和布兰科的要求得到了回应。布伊特龙逝世后，将其财产运往科尔多瓦的手续就开始了。这些物品被从利马运往波托西，到了弗朗西斯科·德·拉斯卡萨斯手里，从那里，经萨尔塔到达科尔多瓦。我们找到了两份

---

① AHPC, Escribanía *1*, 1719, 241, 9, f. 171.

② AHPC, Protocolo, Registro 1, Inventario 105, tomo I, 1714, fs. 297.

③ AHPC, Escribanía *1*, 1719, 241, 9, f. 184.

重要的记录。第一个记录显示，84 个皮箱里，有 8 个明确记载了盛装了从利马运往波托西的来自欧洲、中国和本地的商品。（见表 3-1）而剩余的 76 皮箱则是以笼统的方式记载盛装的商品：科尔特亚特（cordellate，粗羊毛织物）、"bayeta"（另一种粗羊毛织物）、储物箱、基多布、糖面包和烟草。① 第二个记录显示，布伊特龙的财产执行人在缴纳 1035 比索的运费之后将商品寄往萨尔塔。② 布拉斯·德·塞维利亚·苏阿索（Blas de Sevilla Zuasso）负责在萨尔塔接货。拉斯卡萨斯后来提供的辩护文件显示，这些皮箱到了何塞·加西亚·米兰达（José García Miranda）中尉的手里，然后到了曼努埃拉·德·利恩多手中。③

表 3-1　布伊特龙遗产部分物品记录清单

亚洲商品	欧洲商品和本地商品
2 件金丝花边的绿色中国毛绒马裤 1 床来自中国的深红色锦缎床罩，内衬为萨雅布 12 磅中国丝绸 51 磅绿色中国丝绸 3 件深红中国锦缎 2 件白色中国锦缎 9 件彩色中国绣花真丝缎 12 磅绿色中国压花真丝缎 11 磅中国织锦 9 磅中国压花真丝缎 2 磅中国粗斜纹尼	12 个碟子、2 个 mediano，2 个烛台，1 个尖嘴壶，一个大勺，一个 perochito，一共 19 件 7 ½ 为用过的银质的，6 个 7 ½ 件为 2 个 pinonzillos，1 个 planchita 14 ½ 件带浮雕脸盘 27 ½ 件银锅 1 个银盒，带一块红色石头和一把银钥匙 1 个银质哑光 guarnecido 和一个新的稍小一些的 guarnecido 2 个桌布板和库斯科制造的餐巾 29 双英国次级长筒袜

---

① "Encaje de todos los géneros que tiene retenidos el capitán Martín Álvarez dueño de recua del capitán Juan de Buitrón y Mujica difunto para llevarlos a la villa de Potosí a entregarlos al maestre de campo don Miguel de Gambarte de la orden de Santiago al capitán Francisco Gómez de Araujo para que uno u otro haga la remisión de los géneros a falta de persona que le señalare el maestro don Francisco de Las Casas y Cevallos, albacea y tenedor de los bienes de Juan de Buitrón", AHPC, Escribanía 1, año 1719, legajo 241, expediente 9, f. 188.

② "Razón y cuenta de los géneros que entregó en esta ciudad de Córdoba Blas de Sevilla Zuasso que recibió en la de Salta del capitán Joseph de Pineda pertenecientes al difunto Juan de Buitrón que remitió del Cuzco el maestre de campo Francisco de Las Casas como su albacea, así de plata como de todo lo demás", ahpc, Escribanía 1, año 1719, legajo 241, expediente 9, fs. 192-193.

③ AHPC, Escribanía 1, 1724, 251, expediente 3, f. 290v.

续表

亚洲商品	欧洲商品和本地商品
1 件中国金花织锦，深红、蓝色、绿色相间 2 件绿色中国罗缎 5 捆各色中国萨雅裙，重 35 磅 3 ½ 12 件纯色中国真丝缎，其中 3 件为浅蓝色、1 件绿色和 8 件绿色 10 ¾ 宽度的绿色中国罗缎 9 件绿色中国扭纹绸	2 把绳 11 件白色绒面紧身短上衣 23 磅那不勒斯和热那亚绸带 18 磅库斯科金银蕾丝 2 磅库斯科金制 senillanetas 50 磅金箔 6 双那不勒斯长筒袜 1 巴拉粗麻布（bocací） 3 双粗丝绸（capullo）长筒袜 1 双那不勒斯长筒袜、几双绿色袜子 31 × 12 打土耳其金银扣、金银丝线扣
1 件绿色中国压花真丝缎 2 件中国丝绸 102 打来自库斯科和中国的普通梳子 1 件中国普通布料 2 张卡哈马卡书桌，配有绿色中国桌布，带锁，其中一张带钥匙，另一张不带钥匙 1 双用过的绿色中国长筒袜 60 件中国缎带 10 件中国连身北京衣 两对中国马裤和粗布外套 51 磅绿色中国哔叽尼 4 磅绿色中国织锦 4 件中国带花真丝缎 3 件中国薄质丝绸 24 件巴拉琥珀色中国薄质丝绸	9 × 12 打金银扣，36 打为银质、丝绸扣 7 × 12 打鬃毛扣 21 打扣子，外加几个散装扣 1 套披风用金银丝扣 14 块黑色锁眼面料 71 磅裁成块的黑色毛绒面料 29 磅银色哔叽尼 17 磅带底儿哔叽尼 4 磅绿色织锦 7 磅 Columbo 织锦 3 ¼ 磅伦敦黑呢 1 条库斯科精美毛毯 1 个库斯科床帐，床、踏脚板 5 块巧克力方糖 2 只织机制的新袜子 2 只用过的袜子 1 件新的羊驼毛织手帕 1 个镀金大银盒 21 件 cax.，木头质量不佳，里面为镀金 1 张带一点点珐琅的纸 3 件新的卡哈马卡床帐，床、踏脚板 5 件白色 tucuios，重 291 磅 1 件 tucuio，重 79 磅 14 磅希腊 Crea，2 磅细麻绳

来源：AHPC, Escribanía 1, año 1719, legajo 241, expediente. 9, fs. 188-193.

清单中物品的总价值达到 3.5 万比索，此外，骡子价值 4000 比索。这里只详细列出了 8 个皮箱的物品，可想而知，84 个皮箱所包含的物品的价值有多大。粗略地看一下物品清单可以发现，在从秘鲁运往图库曼省的布伊特龙的物品中，一半都是亚洲商品。其中，绝大部分是中国纺织品和布料。这一案例证实了上文提到的猜想。首先，在到达图库曼市场之前，中国商品和欧洲商品及本地商品一起经传统贸易路线进行流通。其次，布伊特龙的案例是中国丝绸和纺织品的消费和贸易活动繁荣发展的鲜明案例。事实上，曼努埃拉收到的亚洲商品中 90% 是纺织品。有真丝缎、扭纹绸（gurbión）、薄质丝绸（capichola）、普通帆布（angaripola）、平纹细布（muselina）、绒布、锦缎、萨雅裙以及加工过的布料，如北京布和长筒袜。这些详细信息表明，布伊特龙的财产执行人所经手的商品中，亚洲布料比欧洲布料的数量多。

最终，胡安·德·布伊特龙上尉的所有物品、文件、字据、钱财和债务都由贝尔纳多·布兰科掌管。数年后的 1720 年，随着曼努埃拉的去世，遗产争端风波又起。何塞法的丈夫贝尼托·安布罗西奥·萨尔科（Benito Ambrosio Zarco）决定在遗产争端中插上一脚，他指控贝尔纳多·布兰科侵占了已故的布伊特龙的全部财产，而合法继承人应该是逝者的女儿，即贝尼托的妻子——何塞法。在曼努埃拉·德·利恩多的财产继承（其中有大量中国商品）问题上，贝尼托指控称，众所周知的是，贝尔纳多·布兰科不仅掌管了布伊特龙的资产，还在图库曼省的内部市场上将它们出售了。这一案件在多年以后才得到解决。1727 年左右，贝尔纳多·布兰科上尉因非法侵占布伊特龙家族的财产而被没收了动产和不动产。即使在过去了那么多年以后，贝尔纳多·布兰科仍然保留着一小部分布伊特龙留下的亚洲商品[1]：

4 磅各种颜色的中国丝绸

1 件黑色北京布

2 件毛衣、1 件中国真丝缎、1 件用过的带银扣的中国天鹅绒衣服

1 件中国镶金车篷布

---

[1] 来源：AHPC, Escribanía 1, legajo 251, año 1724, expediente. 3, fs. 131-133.

2 件中国真丝缎马裤

总之，布伊特龙的案例帮我们证明了上文所做的猜想。即 18 世纪上半叶，科尔多瓦和图库曼省存在中国纺织品的流通和消费。与此同时，它们和欧洲商品以及本地商品一起通过跨地区的贸易路线进行流通，并且这一活动的实现与利马和波托西地区对骡子的需求密不可分。那么，18 世纪下半叶中国商品在该地区的流通状况是什么样呢？（见图 3-3、表 3-2）

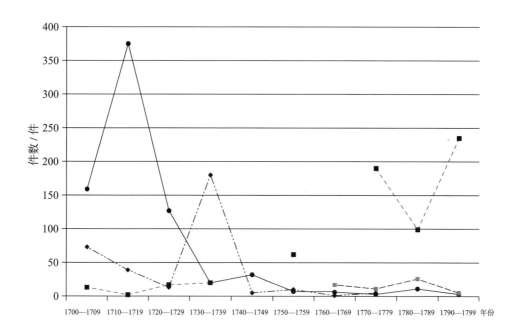

图 3-3 18 世纪图库曼省和布宜诺斯艾利斯的中国纺织品和瓷器

表 3-2 18 世纪图库曼省和布宜诺斯艾利斯的中国纺织品和瓷器

	科尔多瓦和图库曼				布宜诺斯艾利斯			
	纺织品			瓷器（件）	纺织品			瓷器（件）
	加工过的	巴拉/件数	总计		加工过的	巴拉/件数	总计	
1700—1709	54	105	159	-	13	60	73	13

| | 科尔多瓦和图库曼 | | | | 布宜诺斯艾利斯 | | | |
| | 纺织品 | | | 瓷器（件） | 纺织品 | | | 瓷器（件） |
	加工过的	巴拉/件数	总计		加工过的	巴拉/件数	总计	
1710—1719	81	294	375	-	18	21	39	2
1720—1729	42	85	127	-	3	10	13	17
1730—1739	15	5	20	-	8	172	180	20
1740—1749	16	16	32	-	4	1	5	-
1750—1759	7	-	7	-	-	10	10	62
1760—1769	2	4	6	17	1	-	1	15
1770—1779	-	3	3	11	5	-	5	190
1780—1789	-	11	11	26	-	-	-	99
1790—1799	3	-	3	5	3	-	3	235

来源：18世纪在图库曼省和布宜诺斯艾利斯流通的中国商品清单

第七节　中国器皿、瓷器和陶瓷（1750—1800）

　　接下来我们将探讨18世纪下半叶西属南美洲的贸易活动所经历的"大西洋化"的进程、布宜诺斯艾利斯主导地位奠定的过程、该地区摆脱对秘鲁矿业市场的依赖而开展自主生产的过程。波托韦洛船队和交易会制度衰落之后，登记船只成为西班牙帝国领地以内主要的贸易运输方式，布宜诺斯艾利斯不仅受到欧洲商船的青睐，而且是那些经过合恩角驶往智利和秘鲁的商船的中转站。私人船只的航行比又笨重又缓慢的大帆船更有规律性，也更活跃。不仅如此，它们还改进了航海技术，改善了商品在运输过程中的储存条件。[①] 因此，西班牙与美洲之间所交换的商品种类异常丰富。在这种背景下，中国商品通过大西洋进入西属美洲并大规模流通，盛况空前。[②]

米格尔·德·拉斯塔里亚（Miguel de Lastarria）曾在秘鲁接受培训，在18世纪末定居布宜诺斯艾利斯并担任总督秘书。他表示，布宜诺斯艾利斯总督区的居民非常期待中国商品的到来，他们将一切亚洲商品都称为"中国"商品。对此，米格尔指出，许多中国商品都来自巴西沿海地区，是葡萄牙人走私过来的。[③] 米格尔指出，中国产品在该地有巨大的消费量，尤其是"中国瓷器"。而"中国瓷器"是反复出现在我们所查阅的财产清单里的物品。[④]

表 3-2 和表 3-3 以及图 3-3 和图 3-4 是根据 18 世纪在图库曼省和布宜诺斯艾利斯流通的中国商品清单整理的，这些图表表明，18 世纪上半叶出现在布宜诺斯艾利斯和科尔多瓦的亚洲瓷器规模有限。只有布宜诺斯艾利斯地区出现了少量案例，是私人船只运来的商品。奇怪的是，在科尔多瓦我们没有发现任何案例，而当时的利马、瓜亚基尔以及周边地区都充斥着中国瓷器。[⑤] 中国瓷器通过上述的太平洋轴线到达了这些商业中心，而太平洋轴线的动力来自马尼拉大帆船。但是中国瓷器的终点站似乎就是秘鲁。瓷器之所以没有从利马向图库曼省转运，可能是由于它本身易碎，在复杂的运输过程中容易遭受损失。布伊特龙的遗产清单中也没有出现中国瓷器。骡子这种传统的运输方式要载着易碎的瓷器翻山越岭、长途跋涉，应该是非常困难的。

18 世纪下半叶，这种状况发生了变化。以上图表表明，18 世纪下半叶伊始，布宜诺斯艾利斯及内陆地区中国商品的贸易和消费情况出现了一个转折点和新突破。图 3–4 清楚地表明，纺织品和瓷器的对数的交叉点出现在 18 世纪 40 年代，从那时起，中国瓷器开始成为该地区流通的主要亚洲商品。私人船只

---

① Bernal y Martínez, *La financiación*, 1992, pp. 345-600. También García Baquero, *Cádiz y el Atlántico*, 1976, pp. 163-175.

② Bonialian, *El Pacífico*, 2012, pp.389-392.

③ Lastarria, *Portugueses*（*1816*），1977, p. 90.

④ *Almanak mercantil*, 1802, p. 192.

⑤ Crespo, *Arquitectura*, 2006, pp. 312, 314, 315, 316, 319, 320, 327, 355, 356, 364, 373.

拥有保存和运输这些商品的最佳条件，使中国瓷器得以流入布宜诺斯艾利斯这一大西洋港口。当然，除了商业条件和贸易轴线的变化，全球范围内的生产因素也对该地区中国瓷器的流通产生了影响。在查阅抵达布宜诺斯艾利斯港的私人船只的货物时，我们发现，大量中国瓷器和欧洲瓷器一起流入该地区。[①]

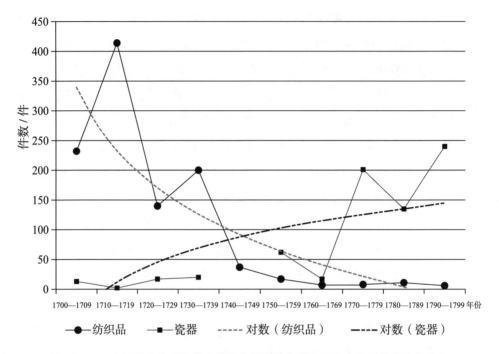

图 3-4　18 世纪图库曼省和布宜诺斯艾利斯的中国纺织品和瓷器总量及其对数

表 3-3　18 世纪图库曼省和布宜诺斯艾利斯的中国纺织品和瓷器总量

年份	件数（件）			件数（件）	
	纺织品	瓷器		纺织品	瓷器
1700—1709	232	13	1750—1759	17	62
1710—1719	414	2	1760—1769	7	32
1720—1729	140	17	1770—1779	8	201
1730—1739	200	20	1780—1789	11	135
1740—1749	37		1790—1799	6	240

来源：18 世纪在图库曼省和布宜诺斯艾利斯流通的中国商品清单

———————————

① AGN, Registros de Navíos，请参阅该条目下的文件。

在 18 世纪上半叶一度繁荣的东方纺织品贸易到了 18 世纪下半叶情况如何？ 18 世纪下半叶，中国丝绸和亚洲棉纺织品虽然仍在继续流入，但是贸易强度已不如上半叶。财产清单表明，价格适中的欧洲纺织品大量"入侵"，成功地取代了消费市场上的中国纺织品。当然，这可能和欧洲纺织业的机械化进程有关。[①]

那么，清单都记载了哪些中国商品？其中，用于厨房烹饪以及桌上的物品占大多数，例如：巧克力杯、茶杯、咖啡杯、汤杯、咖啡壶、罐子、茶壶、调味瓶、甜品盘、大盘子、汤碗、花瓶、壶等。重要研究表明，这种类型的中国商品在整个殖民时期的整个西属美洲都有流通和消费：从新西班牙到加拉加斯，再到昆卡、基多、秘鲁、智利，甚至巴西的大西洋沿岸地带。[②] 至于在后来将成为拉普拉塔总督区（1776）的地方，则在 18 世纪下半叶才开始出现中国商品大量流通的现象。

为了了解中国瓷器在布宜诺斯艾利斯的流通情况，我们需要拓宽视野，从全球维度和更长的时间跨度分析。17 世纪中叶到 18 世纪末，中国瓷器的制造工艺达到了前所未有的水平。中国开始仿制日本的"伊万里瓷器"，这种做法是为了向国外市场销售更多瓷器，而非用于本地消费。[③] 大批量生产的中国"伊万里"风格的瓷器在欧洲市场和美洲市场大受欢迎，其价格合适，质量优良。景德镇是这种瓷器的唯一产地，得到了清政府的支持，生产工人一度达到 10 万人。有一些官窑出产非常昂贵的瓷器，这些瓷器不在市场上流通，只专供特定的人群使用。景德镇还有一些私窑，它们的生产能力很强，既可以为上层社会生产精美瓷器，也可以为普通消费者生产"伊万里"风格的瓷器。[④]

欧洲国家对"伊万里"风格的陶瓷进口量很大。17 世纪末，荷兰东印度公

[①] 此处请参考本书第一章中提出的关于"18 世纪末欧洲纺织品的进口和消费情况"的史学观点。

[②] 墨西哥的案例参阅：Curiel，"Consideraciones"，1992，p. 141. 秘鲁及高原地区的案例参阅：Kuwayama，"Cerámica"，2000-2001，pp. 20-29；Jamieson，*De Tomebamba*，2003，p. 259. 关于巴西的案例，历史学家 Do Amaral 认为，在殖民时期到达巴西的不计其数的中国商品中，瓷器是对巴西的物质文化影响最大的商品。Do Amaral，*A Bahia*，2000，p. 209.

[③] Kuwayama，"Cerámica"，2000-2001，pp. 20-29.

[④] Feng y Shi，*Perfiles*，2001.

司（VOC）及其欧洲的竞争对手（例如英国、法国和丹麦）一共从景德镇向欧洲市场出口了超过 7000 万件中国瓷器。[①] 此外，自 1785 年起，菲律宾皇家贸易公司也从中国向伊比利亚半岛运送中国瓷器，途经非洲的好望角。[②] 但是，欧洲本身已经有皇家资助的瓷器加工厂，其任务就是生产出可以取代中国瓷器的产品，如荷兰代尔夫特陶瓷和英国的什罗普郡陶瓷、米色陶器。因此，可以肯定地说，7000 万件中国瓷器被西班牙和欧洲的登记船只转运到了美洲大陆。布宜诺斯艾利斯和拉普拉塔总督区参与了中国瓷器在全球贸易网络中的流通并成为它们的终点站。考古工作表明，中国"伊万里"风格的瓷器曾出现在布宜诺斯艾利斯的中心。[③] 考古遗迹与财产清单体现的情况是一致的。

从清单中的信息来看，在布宜诺斯艾利斯和内陆地区，家用厨具和餐具的制作材料种类繁多。有一些是瓷器，如中国瓷器（见图 3-5），也有水晶的、锡制的、白镴的、银制的和玻璃的。其中，有许多来自国外，如西班牙、萨克森、英格兰、荷兰、法国和热那亚。也有从智利进口的或本地产的（常被称为"本地陶器"）餐具。在深受多元化和全球化影响的拉普拉塔总督区，雕花银质餐具似乎是富人的最爱，因为它们不仅耐用，还可以储存起来或者摆在那里，以彰显其身份地位。[④]1769 年，一名神职人员表示，尊贵的人不会使用陶器和锡制餐具……在餐桌上他们更喜欢用中等质量的银具。[⑤] 这种说法应该是正确的。雕花银质餐具的价格远高于其他外国餐具，甚至比中国瓷器的价格要高。在 18 世纪的最后 10 年，一件中国产的陶瓷糖罐最高价值 2 比索，而银质糖罐的价格为 63 比索。一件来自中国的精美瓷盘价格为 1 比索，而一件银盘的价格为 8 比索到 28 比索。[⑥]

[①] De Vries, *La Revolución*, 2009, p.163.

[②] 虽然 1793 年颁布的一条皇家法令允许菲律宾皇家贸易公司在菲律宾和南美任何港口之间开展直接贸易，但是该公司真正使用此项许可是在 1802 年。Díaz Trechuelo, *La Real Compañía*, 1965, p. 199.

[③] Norman, "Arqueología", 2005-2006, pp. 129-157；También Schávelzon, "La cerámica", 2010, pp. 196-200.

[④] Porro y Barbero, *Lo Suntuario*, 1994, pp. 3-107.

[⑤] Probst, "El Costo", 1941, p. 440.

[⑥] Porro y Barbero, *Lo Suntuario*, 1994, p. 46.

来源：http：//www.todocoleccion.net/

图 3-5　18世纪带枝叶和花纹的蓝白色中国瓷盘（科尔多瓦和布宜诺斯艾利斯的清单中很常见的商品风格）

　　财产清单显示，单看外国陶瓷的话，在18世纪下半叶，产自萨克森和英格兰的陶瓷取代了在18世纪上半叶占主导地位的塞维利亚陶瓷，成为拉普拉塔总督区富人们的首选。[①]欧洲制造的器皿和陶瓷，尤其是英国的，似乎并没有寻求或没有能力满足该地区广大消费者的需求，由于价格高昂，只有上层社会的人们消费得起。

　　在这种情况下，中国瓷器占据什么样的地位？18世纪末，亚洲瓷器是殖民时期最常见的外来家居用品之一。亚洲瓷器取得这种主导地位的根本原因在于，其在价格和质量上丰富的多样性既可满足精英阶层的高端需求，又能满足一般消费者的普遍需求。[②]一套中国瓷制"咖啡用具"（由茶壶、咖啡壶、糖罐、小壶、杯子和碟子组成）就足以证明中国瓷器的消费所覆盖的社会群体之广，价格从8比索到200比索不等。[③]18世纪在图库曼省和布宜诺斯艾利斯流通的中

---

　　① 18世纪上半叶的商品清单显示，除了本地产的白镴陶瓷，来自西班牙的陶瓷比来自其他欧洲国家的陶瓷要多。

　　② Curiel 向我们介绍了新西班牙类似的消费情况。Curiel，"Consideraciones"，1992，pp. 132-137.

　　③ Porro，Astiz y Rospide，*Aspectos*，1982，volumen Ⅰ，p. 185.

国商品清单显示，来自中国的豪华瓷器出现在科尔多瓦和布宜诺斯艾利斯最富有的家庭中。布宜诺斯艾利斯大商人佩德罗·库埃里（Pedro Cueli）在 1756 年留下的财产清单显示，他有两打"精美的"中国瓷盘，价值 15 比索，还有一个价值 3 比索的中国茶壶，17 只"极其精致"的价值 8 比索的茶杯。它们的价值和精致的英国瓷器相当。

但是，除了"精致"和"细腻"的中国瓷器外，我们也发现了有关普通而廉价的中国瓷器的记载，也许这种情况更为常见。尽管普通家庭很早就开始使用锡制或"本地陶制"餐具，但在 18 世纪下半叶，廉价和中等质量的中国器皿开始进入该地市场并逐步流行。18 世纪下半叶中国瓷器在布宜诺斯艾利斯和科尔多瓦的流行向我们展示了整个拉丁美洲的物质文化所发生的复杂的转变，这一进程不久前已在欧洲发生过。让·德·弗里斯（Jean de Vries）将这种现象定义为"易碎品"的消费。[1] 与人们所认为的不同，这个词语并非指那些供精英阶层消费的精致商品。相反，它展示的是一种更为广泛的消费行为，是一种涵盖中产阶级和较低阶层人群的消费模式。商品清单表明，在 18 世纪下半叶，贵重而耐用的商品逐渐被便宜、不耐用和更时髦的商品所取代。卡尔马尼亚尼（Carmagnani）认为，18 世纪下半叶，欧洲经历了"消费解放"的进程，即各社会阶层都可以自由地消费任何商品，不限于欧洲商品。消费扩张引发的贸易变革极大地改变了欧洲社会的生活方式。[2] 应该说，布宜诺斯艾利斯对中国瓷器的消费体现的正是消费观念的转变和贸易变革的发生。

我们以布宜诺斯艾利斯一位非常有政治影响力的商人曼努埃尔·埃斯卡拉达·伊布斯蒂略（Manuel Escalada y Bustillo）为例。1766 年，他任市议员，但贸易活动（不管是非法的还是合法的）才是他的主要职业。依靠与加的斯的联系，他得以在布宜诺斯艾利斯的市中心拥有仓库，并在内陆地区销售进口商品。他将进口商品储存在自己的私人仓库中，然后在市场价格有利的情况下，在总督区内部进行销售。从这种意义上讲，他是一个真正的"仓库主"。虽然曼努埃尔的商品清单的总金额是 10 万比索，但是历史学家托雷·雷韦略（Torre

---

[1] De Vries, *La Revolución*, 2009, p. 161.

[2] Carmagnani, *Las islas*, 2012, pp. 110-115.

Revello）发现了一个非常重要的文件，该文件称，1766年，曼努埃尔是布宜诺斯艾利斯最大的商人，他的总资产超过50万比索。[①] 鉴于他的财富和声望，就连拉普拉塔总督出席各种各样的宴会时都经常由他陪伴左右。不仅如此，曼努埃尔还在家中宴请总督，精美的中国瓷器和银器是晚宴的亮点之一。[②] 令人吃惊的是，这位大商人在晚宴上摆放的精致餐具并非我们在清单中发现的那些[③]：

4个中国瓷咖啡杯

带有4个中国甜品瓷盘的盒子

3个中国汤杯

3个中国咖啡壶

3个中国花瓶

7个中国甜品盘

6个无柄杯加6个碟子

16个无柄杯

39个中国咖啡杯

39个中国碟子

在财产清单中，公证人将大量咖啡壶、碟子、盘子、花瓶和无柄杯归类为"一般"和"普通"的瓷器。这种归类和商品的总价（"一共15比索"）不无关系。[④] 这是曼努埃尔在与总督塞瓦略斯共进晚餐时所展示的中国陶器吗？在总督区最高统治者面前展示这种便宜而普通的中国瓷器合适吗？答案应该是否定的。曼努埃尔的财产清单中出现的瓷器与他个人所使用的或在总督面前展示的那些瓷器不是同一种，前者应该是准备在商店中出售给布宜诺斯艾利斯及内陆地区的普通消费者的商品。欧亨尼奥·莱尔多·德·特哈达（Eugenio Lerdo de Tejada）的案例也同样如此。欧亨尼奥和曼努埃尔一样，也是市议员，也和

---

① Torre Revello, "Noticias", 1927-1928, pp. 498-499.

② Lesser, *La última*, 2005, pp. 49 y 108.

③ 来源：agn, Ramo Sucesiones, legajo 5563, s/n de exp., f. 104.

④ AGN, Sucesiones, legajo 5673, s/n de expediente, f, 376.

西班牙开展大规模的贸易活动。欧亨尼奥于 1791 年留下的商品清单中包含了丰富多样的中国瓷器：240 个各种样式和颜色的盘子和碟子、6 打多杯子和盅子。和曼努埃尔一样，欧亨尼奥把中国瓷器储存在自己的商店里以便在拉普拉塔总督区内部市场出售。18 世纪在图库曼省和布宜诺斯艾利斯流通的中国商品清单中对商品分销的行为也有所记载。记载显示，在罗萨里奥、科尔多瓦甚至偏远的农村地区，如圣佩德罗、里奥夸尔托和洛斯诺诺斯（Los Nonos），普通居民在日常生活中都使用中国瓷器。

我们通过一个简单的比较来了解大众对廉价、流行而普通的中国瓷器的消费情况。1772 年（比曼努埃尔的财产清单的记录时间早两年），布宜诺斯艾利斯贵妇——卡塔利娜·德罗莱（Catalina Drolet）夫人去世，由此留下财产分割问题。卡塔列娜有很多塞维利亚瓷器，价格远高于中国瓷器。此外，一件制作工艺相对复杂的英国镂空瓷盘才值 1 比索。卡塔利娜还有一打英国普通瓷盘，价值 2 比索多。而我们在清单中看到，在那个年代，一打同等质量和成分的中国瓷盘的价格连 1 比索都不到。[①] 卡塔列娜的物品中，精品瓷器和普通瓷器的价位明显不同。其中，有一件未注明产地的咖啡壶价值 12 比索。如果是一件普通的瓷咖啡壶，价格连 1 比索都不到，而在那个年代，一件中国商品的价格一般都在 1 比索左右。本地生产的餐具的价格水平也是如此。1783 年，布宜诺斯艾利斯居民比森特·昆兹（Vicente Quinzy）的财产清单显示，他的一件中国瓷器在质量和价格上和 10 年前曼努埃尔所拥有的那件相似，一个中国瓷盘的价格是 1.5 雷亚尔。此外，一个本地锡盘的价格是 2 雷亚尔左右，比亚洲瓷盘的价格贵 0.5 雷亚尔。[②]

通过对清单中商品的价格和那个时候人们的日收入或月收入进行对比，我们更加相信，中国瓷器在中产阶级和普通人群中被广泛消费。财产清单显示，在 18 世纪的最后 25 年里，中国"伊万里"风格的瓷器价格如下：

1 打带枝叶花纹的杯子：7 雷亚尔
1 打白底带蓝花和金花的盘子：7 雷亚尔到 2 比索

① AGN，Sucesiones，legajo 5560，expediente 6，fs. 4-8.
② AGN，Sucesiones，legajo 7773，expediente 3，f. 102.

1 个中国瓷壶：1 雷亚尔

1 个中国痰盂：6 雷亚尔

1 个粉色大盘子：4 雷亚尔

这些是最普通和最便宜的中国瓷器的价格水平。如上所示，一打杯子的价格从 7 雷亚尔到 6 比索不等，一打盘子的价格从 7 雷亚尔到 5 比索不等，一个中国瓷壶的价格仅为 1 雷亚尔（正如我们在清单中所看到的那样），如果是优质的瓷壶，价格可能高达 17 比索。[1] 从布宜诺斯艾利斯城市工人的工资水平来看，以上所列的价格对他们来说是可以承受的合理价位。事实上，在那个年代，一个木匠的日工资为 8 雷亚尔到 10 雷亚尔不等，一个泥瓦匠的日工资为 4 雷亚尔到 8 雷亚尔不等，一个铁匠的日工资为 6 雷亚尔到 8 雷亚尔不等，一个船体缝隙填塞工的日工资为 18 雷亚尔。[2] 由此来看，上述任何一个工人仅花费一天的工资就能买到一打最便宜的中国瓷盘。如果全体民众都购买中国瓷器，那么中国瓷器的消费规模就更为可观了。我们的猜想应该与实际情况没有太大差别。以当时的收入水平来看，即使是城市中没有技能的最低级的工人一天至少也能挣 4 雷亚尔，而农村里没有技能的最低级的工人一个月也可以挣到 6 比索到 7 比索。[3]

简而言之，18 世纪下半叶，中国瓷器成为一种日常消费品。这代表着一种"商品廉价化"的消费文化的开端，即人们更倾向于购买那些便宜而适用的商品，虽然它的"生命周期"更短暂。中国瓷器在社会各阶层之间流通，以前在中下层社会几乎不存在的中国餐具在 18 世纪下半叶将成为再普通不过的消费品。

第八节　耶稣会士手中的中国瓷器和丝绸

在参与中国商品的贸易方面，耶稣会并没有置身事外。凭借前往中国和印

---

① Porro, Astiz y Rospide, *Aspectos*, 1982, volumen Ⅰ, pp. 182, 212 y 228.

② Johnson, "Salarios", 1990, pp.133-157.

③ Johnson, "Salarios", 1990, pp.133-157；Mayo, *Estancia*, 2004, p. 129.

度进行传教活动的全球化视野以及卓越的经贸才能，耶稣会是促进现代全球化进程的重要因子。[①] 在我们提到的贸易路线中，身在西属南美洲的教士们都以主要角色的身份参与其中。在传教活动的中心——科尔多瓦，耶稣会士们和库斯科、巴拉圭以及布宜诺斯艾利斯建立了贸易联系。[②]

众所周知，1767 年，西班牙国王卡洛斯三世下令驱逐耶稣会。布宜诺斯艾利斯省长弗朗西斯科·布卡雷利·乌苏亚（Francisco Bucarelli y Ursúa）指控中尉费尔南多·法布罗（Fernando Fabro）侵占了科尔多瓦主教区耶稣会的资产。[③] 我们几乎找到了所有的资产列表，列表显示，耶稣会士们拥有丰富多样的商品。毫无意外的是，库约和科尔多瓦的商品清单中有来自中国的瓷器、丝绸和宗教装饰品。（见表 3-4）

表 3-4　库约和科尔多瓦的商品清单

地点	瓷器	丝绸和其他物品
科尔多瓦大教堂和教会学院（1769）	教会学院厨房： 12 个中国巧克力杯配蓝色碟子，价值 12 比索 12 个不同的罐子和 1 个中国咖啡壶，价值 8 比索 17 个不同的中国碟子，单价 2 雷亚尔，共 4.2 比索 3 个中国瓷盅，价值 6 雷亚尔 6 个中国瓷咖啡杯，价值 2.2 比索 1 个中国瓷茶壶，价值 1 比索	仓库： 11 条中国丝绸手帕，单价不到 3 雷亚尔。共 4 比索 教堂装饰品： 9 条很旧的中国单色无花纹丝带，单价 1 比索。共 9 比索 1 条长 2 巴拉的很旧的中国丝带，价值 2 比索 8 条用于窗帘的中国波浪形丝带，价值 8 比索 2 条用过的丝绸手帕，价值 2 比索 2 幅中国有色丝绸窗帘，单价 3 比索，共 6 比索 新入教者教堂： 2 幅中国单色无花纹细绸窗帘 来自东方的象牙耶稣受难像和青铜十字架 象牙耶稣像、十字架、乌木架，价值 2 比索

[①] 关于耶稣会士在全球范围内的活动以及他们与中国和印度等地区的文化交流，可通过他们留下的书信了解。有关 18 世纪的特殊情况，参阅：Zermeño, Cartas, 2006.

[②] Morner, *Actividades*, 1940.

[③] 关于清单的管理，参阅：Bisio de Orlando, "Las Temporalidades", 1999, pp. 59-98.

续表

地点	瓷器	丝绸和其他物品
科尔多瓦大教堂 （1776）	2个中国陶罐	2块中国真丝缎 1幅中国镶金丝绸窗帘 6条中国原色无花纹丝带
（1782）	3个中国陶瓷花瓶	1块中国金边光滑丝质前帷布 1块金边丝绸幕帘 数条用于祭坛台阶的旧丝带 1件旧的中国绸缎唱诗班披风，用于遮盖小天使
（1794）	3个裂开的中国陶罐	1个旧的中国丝绸缎面十字架布罩 带有中国绸带的旧床罩 11条中国真丝缎带 来自中国的1尊供耶稣会新入教者使用的象牙耶稣像，高十字架（其中三分之二是乌木）
库约 门多萨耶稣会士学院 （1771—1776）	2个带花中国陶罐	15块旧的中国帆布 1件旧的中国床罩 3尊日本的金色殉教者半身塑像 象牙耶稣受难像、玳瑁十字架和银质护角 1件深红色中国锦缎唱诗班披肩、银质饰带
圣路易斯—德洛约拉学院 （1771—1776）	放在圣母像旁的1个小花瓶	1幅（后开式）中国帆布窗帘，配有帆布带子 2个状况良好的中国真丝缎"袋"子。1个锦缎"袋" 1尊碎成几块的中国象牙耶稣像 2件旧的来自中国的带花唱诗班披肩，里衬为塔夫绸

来源：科尔多瓦大教堂和教会学院：AHPC, Ramo Temporalidades, 1769, fs. 23, 35, 70, 85 y 89；科尔多瓦大教堂：AAC, Cabildo, Libro de Cuentas,（1761-1835），fs. 58-59, 67, 69, 263-264, 273, 276, 278 y 287；圣路易斯·德·洛约拉学院：AGN, Temporalidades, 21-5-4, legajos 2 y 3, fs. 49-50, 59, 61, 93-95 y 98. 智利国家图书馆影印文件。

我们在科尔多瓦教会学院的厨房中找到了巧克力杯、罐子、碟子、咖啡杯和茶壶，在科尔多瓦大教堂、门多萨教会学院发现了中国花瓶。通常，无论是在宗教场所还是私人住宅，中国花瓶都被放在十字架上或圣母像的两侧。[①] 中国丝绸还可制作用于教堂装饰的带子、窗帘、手帕。用中国丝绸制作的唱诗班披风和十字架布罩也是科尔多瓦大教堂和库约圣路易斯—德洛约拉教会学院常用的装饰物。（见图3-6）

图 3-6　布宜诺斯艾利斯的象牙耶稣受难像、扇子、匣、十字架布罩（作者拍摄，阿根廷布宜诺斯艾利斯 Isaac Fernández Blanco 西属美洲艺术博物馆藏）

耶稣会的商品清单经常用"旧的""二手的"或"老的"等形容词来描述东方纺织品的状态。因此，我们可以认为，这些带子、长裤或合唱团的披风应该是在18世纪上半叶时从利马运来的，那时正值亚洲纺织品贸易的繁荣时期。值得一提的是，来自中国的象牙耶稣受难像和乌木十字架被销售到了西属美洲的各个角落。我们在教会学院教堂、科尔多瓦大教堂、门多萨教会学院、库约圣路易斯—德洛约拉教会学院都看到了这一物品。1718年，托霍（Tojo）侯爵胡安·何塞·坎佩罗·伊埃雷拉（Juan José Campero y Herrera）的财产清单中也有关于以东方象牙雕刻的耶稣受难像的记录；1747年，科尔多瓦上尉约

① Porro y Barbero, *Lo Santuario*, 1994, p. 314.

瑟夫·费尔南德斯（Joseph Fernández）的妻子伊萨贝尔·马尔多纳多（Isabel Maldonado）夫人的商品清单也有以东方象牙雕刻的耶稣受难像的记载。

第九节　东方商品的西方化、西方商品的东方化：商品的巨大变革

　　不同时期西属美洲地区所进口和消费的中国商品的类型与商品所指向的消费方式和习惯密切相关。如果我们认为亚洲商品的消费克服了阶层界限并覆盖了广泛的社会阶层，那么我们有必要知道，中国商品是否改变了人们的消费习惯，或者是否"适应"了本地消费者的偏好并为本地消费者所接受。这个问题适用于所有类型的商品，无论是供精英阶层消费的商品还是供大众消费的商品，一切迹象都表明，中国商品不仅改变了该地区社会的消费习惯，也适应了消费者的偏好和需求。人们纷纷购买、使用东方家具、织物、瓷器等物品，最终，西属美洲的工匠们也开始借鉴并重新诠释东方物品的样式和设计。秘鲁也开始仿照亚洲商品的设计和风格生产家具和瓷器。①

　　与此同时，亚洲商品也经历了一定的变革，以适应西属美洲市场的消费偏好和标准。它们必须经历某种"西方化"的过滤筛选过程才能确保有销路。加的斯贸易代表，在 18 世纪前 25 年任内陆省船队船长的何塞·洛佩斯·平塔多（José López Pintado）表示，一些墨西哥商人和秘鲁商人的代理于 1692 年带着各种（由西班牙的大西洋船队运到维拉克鲁斯的）欧洲面料的样品前往中国。他们想让中国的纺织厂仿制欧洲纺织品，以确保美洲市场的消费者立刻接受它们。②商人们做出这种决定，也许是出于成本和利润的考虑，但从他们如此积极主动的行为可以看出，亚洲商品在保留其"独特性"和"异国情调"等特征的同时，也受到了消费者的认可和熟悉，并且比欧洲和西班牙的同类商品有价

---

① Kuwayama，"Cerámica"，2000-2001，pp. 20-29.

② Abreu，*Extracto*，1977，tomo Ⅱ，pp. 328-335.

格优势，所以才能在市场中广受欢迎。

科尔多瓦和布宜诺斯艾利斯也体现了亚洲商品的变化。18世纪上半叶，中国面料，特别是未加工的和成块的中国面料融合了西方风格和设计，实现了"本地化"。在这一过程中，"东方"元素被改造，融入了西方的风格。相反，在18世纪下半叶，大量西方商品开始模仿几十年前中国商品的风格和设计。这是一种反作用力，说明西方产品也开始经历"东方化"的过程。当时的全球化进程促进了以上两种潮流的共存，对西属美洲的物质文化产生了深刻影响。欧洲纺织品所呈现的东方特征和成分向我们展示了推动全球化进程的复杂要素以及它们所经历的持续变革。很多中国商品在进入西属美洲时都经历了一定的变化，首先是使它们熟悉并适应消费者的口味。接下来我们看一下中国纺织品所经历的变化。

从进入美洲市场的第一刻起，中国面料就开启了改造之路，当时的大多数面料是待加工的。表3-2显示，在该地区的中国纺织品贸易最繁荣的时期（1700—1739），进口的未加工的布料是752件，加工过的是234件。具体而言，科尔多瓦和图库曼省有489件未加工布料和192件加工过的布料，布宜诺斯艾利斯有263件未加工布料和42件加工过的布料。实际上，该地区所进口的75%的中国布料是未加工的，以便对它们进行改造和修饰以适应本地市场的喜好。

未加工的面料在被进口到该地区的所有中国织物中占主导地位。这一事实说明有两种加工方式，一是在本地工厂对中国布料进行全面加工，二是将中国布料作为对西方或本地面料的补充。其中，第二种加工方式经常出现在18世纪在图库曼省和布宜诺斯艾利斯流通的中国商品的记载中。在这种情况下，欧洲或秘鲁本地生产和设计的面料占重要地位，而东方或中国面料只能用来当衣服的"衬里"，起到覆盖或保护作用。1733年，家住科尔多瓦的何塞·乌尔塔多·德·萨拉乔（José Hurtado de Saracho）上尉之女——赫罗尼玛·德·萨拉乔（Gerónima de Saracho）小姐的嫁妆清单中有一件衣服非常引人注目，这件衣服的制作工艺极为复杂，布料来自世界各地。令人震惊的是，这件连衣裙的价值高达385比索，裙子的主要用料是精美的塞维利亚布料，衬里是红色的北京布，表面是秘鲁的布料，金扣也来自秘鲁，可谓一件衣服囊括了全世界的布料。1709 年，家住布宜诺斯艾利斯的安东尼奥·格雷罗（Antonio Guerrero）上尉也有一份商品清单。清单记载，他有一件外套，表面是塞维利亚布料，内里是绿色北京布。这些案例向我们展示了以西方布料为主、以东方布料为辅的服装加工方式。此外，东方布料或丝绸也可以在本地工厂中进行改造和加工，科尔多瓦商人胡安·索拉诺·拉富恩特（Juan Solano Lafuente）在 1713 年留下的商品清单就是一个很好的例证。清单记录，24 巴拉长的光滑的、呈脉状的中国布料在利马完成染色工序。1724 年，布宜诺斯艾利斯商人克里斯托瓦尔·伦东（Cristóbal Rendón）也有一份商品清单有类似记载，清单显示，他有二十巴拉零几台尔西亚（tercia）[①] 的中国布料在布宜诺斯艾利斯完成染色工序。此外，上文也提到，有一些纺织品是在亚洲完成全部生产工序的，它们以“北京连衣裙”“北京披风”“中国床罩”或“中国丝质长袜”为名出现在清单中。与此同时，和中国纺织品一起出现的还有来自亚洲其他地方的布料，如印度棉布。1748 年，多明戈·卡兰萨（Domingo Carranza）的遗产清单记载了一条来自中国的带花帆布床单，衬里是印度麻布，价值 30 比索。因此，虽然有“纯”中国织物的存在，但大多数中国织物都经历了各种被改造的阶段。

为了迎合消费市场的习惯和品味，东方面料或纺织品经历的最大改造是用秘鲁的金银装饰纽扣、缎带等装饰物。这种情况在很多案例中都可以见到。1703 年，家住图库曼省圣地亚哥—德尔埃斯特罗的委托监护主何塞·迪亚斯·德·卡塞雷斯（José Díaz de Cáceres）中尉留下一份遗嘱，遗嘱中记录了“一件来自中国的带花绸缎外套，带纽扣，衬里为丝绸；还有一件中国外套，袖子为织锦布料，饰有银边”。1704-05 号遗产清单显示，家住科尔多瓦的弗朗西斯科·苏亚雷斯·德·卡布雷拉（Francisco Suárez de Cabrera）上尉的遗孀卡塔列娜·德·卡布雷拉（Catalina de Cabrera）有一件“来自中国的扭纹绸裙，带有 3 圈金银线花边，价值 50 比索”。同样在科尔多瓦，著名的安东尼奥·德·卡布雷拉（Antonio de Cabrera）上尉的清单也记录了一件来自中国的绸缎外套，内衬为珍珠塔夫绸，带有带子、扣子、银色流苏，价值 24 比索。科尔多瓦的克里斯多瓦尔·卡内罗（Cristóbal Carnero）上尉之女保拉·卡内罗·卡瓦略（Paula

---

① 译者注：tercia，长度单位，相当于 1/3 巴拉。

Carnero Carvallo）有一份嫁妆清单，编号 1724–24，其中记载了"一条来自中国的蓝色锦缎半身裙，带有 3 圈库斯科银线花边 sevillaneta 和彩带 pestañuela，价值 53 比索。萨尔塔的贝尔纳多·布兰科·格拉上尉是布伊特龙案件的重要人物。1727 年，他的财产被没收，其中有两件中国外套，一件是原色无纹绸料子，另一件是天鹅绒料子，带秘鲁银扣。1708 年，布宜诺斯艾利斯居民贝尔纳多·德拉帕斯夸（Bernardo de la Pascua）的遗嘱中记载了一件带银点的中国绸缎绿色短裙，价值 20 比索。这些案例表明，银元素的加入使亚洲服装变得更加昂贵，从而彰显了购买力更强的特权阶层的尊贵地位。

与亚洲面料一样，中国瓷器也被进行了一定的改造，以适应美洲消费市场的偏好。来自中国的小瓷杯在清单中经常出现，这是一种中国产的不带柄的用来饮用巧克力的杯子，在秘鲁和新西班牙很流行。[①] 拉普拉塔总督区也加入了这一消费热潮中，尽管中国小瓷杯在那里没有像在秘鲁和新西班牙那样流行。居住在布宜诺斯艾利斯的佩德罗·库埃里（Pedro Cueli）于 1756 年留下一份遗产继承清单，其中登记了一个用来喝巧克力的小瓷杯。中国生产的小瓷杯本来是用于喝茶的，最终被用于喝巧克力或喝咖啡。[②]

对中国商品的改造、修饰和价值的提升不限于纺织品或陶瓷，也包括其他种类的物品。频繁出现在科尔多瓦和布宜诺斯艾利斯的财产清单中的拐杖就是这样的例子。除了传统的功能（为病人或老人提供支撑）以外，拐杖还象征着优雅和社会地位的与众不同。但是，来自中国的拐杖种类繁多，任何社会阶层都有能力买上一把，拐杖有银的、金的、竹的，也有玻璃的。其中，金属质的拐杖由精英阶层独享，价格从 24 比索到 61 比索不等。[③] 中国拐杖或"印度"拐杖一般是竹的。也有一些"普通"拐杖，"不带把"的拐杖，就是简单的一根竹杖。布宜诺斯艾利斯居民何塞·德·埃斯基韦尔（José de Esquivel）的商品清单中出现的拐杖便是如此，价值 2 比索。1772 年，布宜诺斯艾利斯居民路易斯·卡切莫耶（Luis Cachemolle）有一根"不带把的印度拐杖"，价值 6 雷亚尔。显然，这种商品是针对中低收入阶层的。亚洲拐杖虽然制作工艺不简

① Curiel, "Consideraciones", 1992, pp. 132-137；Jamieson, *De Tomebamba*, 2003, p. 272.

② Porro, Astiz, Rospide, *Aspectos*, 1982, volumen Ⅰ, pp. 22-24.

③ Porro y Barbero, *Lo Santuario*, 1994, pp. 194-195.

单，但没有金拐杖和银拐杖的质量好，也没有它们价格高。我们回顾一下财产清单中提到的一些情况。布宜诺斯艾利斯富人佩德罗·罗德里格斯·阿雷瓦罗（Pedro Rodríguez Arévalo）1780 年的遗产超过了 3.5 万比索，他有一根银柄中国竹杖，价值 6 比索。布宜诺斯艾利斯知名商人卡西米罗·阿吉雷（Casimiro Aguirre）在 1790 年立下的遗嘱显示，他的财产为 266 760 比索，他有一根和阿雷瓦罗的拐杖同样特征、同样价格的中国拐杖。科尔多瓦的何塞·路易斯·埃切尼克·德·卡夫雷拉（José Luis Echenique de Cabrera）留下的财产清单显示，他有"一根中国竹杖，拐杖的护头和手柄是黄色金属"，价值 4 比索。[①] 从这种意义上讲，便宜又简单（不加修饰）的亚洲竹杖不应被视为贵重的商品；它之所以存在于市场中、受到市场的欢迎，是因为它本身是一种必需品，即使是中下层社会群体对它也有需求。

在该地区可以看到各种中国艺术和家居装饰的存在。绝大多数东方面料和服装都带有花卉装饰，这一艺术灵感来自中国。[②] 在我们所研究的地区，印有蓝色、红色、橙色、黄色和绿色花朵的裙子、粗布外套、长袍、床单、床罩和手帕经常出现。例如，科尔多瓦上尉弗朗西斯科·苏亚雷斯·德·卡夫雷拉（Francisco Suárez de Cabrera）的遗孀在 1704 年留下的财产清单中记载了一件黄色带花中国缎裙，价值 25 比索。1704 年，安娜·帕切科（Ana Pacheco）小姐的嫁妆清单中也有一件深红色带花中国缎裙，价值 24 比索。1711 年，科尔多瓦的弗朗西斯科·阿尔瓦雷斯·德·托雷多（Francisco Álvarez de Toledo）中尉留下一份继承清单，清单中有一件"中国床罩，绿底带黄色、蓝色和白色的花"。1700 年，布宜诺斯艾利斯的何塞·阿尔瓦拉多（José Alvarado）上尉也有一条中国的有颜色的床单，床单中部有一朵玫瑰。1782 年，巴拉圭居民马里奥·萨利纳斯（Mario Salinas）留下的遗嘱中记载有 30 打蓝色和红色的"中国样式（chinesco）"绣花手帕，质量上乘。下文我们将专门揭秘这个常被用来形容这些布料的词——"中国样式（chinesco）"。

清单并不明确指出纺织品上的花是哪种类型。我们推断，这些花应该是

---

① 据波罗·伊巴尔贝罗（Porro Barbero），带银柄的印度竹杖价值为 35 比索至 50 比索不等，比我们此处提到的要贵。见 Porro y Barbero, *Lo Santuario*, 1994, p. 196.

② Abby, "Trade", 2006, pp. 184-185.

中国的传统花朵，如莲花、菊花、兰花，或者玫瑰（1700 年的案例即玫瑰）。许多中式织物是块状的，或未加工的，且带有花卉图案，如 1718 年托霍侯爵（marqués de Tojo）的财产清单中出现了"3 巴拉长的中国带花缎面"。此外，也有些中国布料会在本地作坊中被进一步加工，饰以金银。1715 年，图库曼省的何塞·德·卡夫雷拉（José de Cabrera）中尉有一件来自中国的橙色银花带袖外套，带衬里，价值 80 比索。这个例子再次体现了本地纺织业对中国布料的改造以及对其价值和名声的提高。

用大自然和花卉等图案作艺术装饰的中国风格不仅出现在纺织品上，也出现在其他亚洲商品上。动植物景观插图是中国家具和中国屏风的特征，新西班牙和秘鲁的很多显贵家庭都有这些家具。[①] 但是，根据财产清单显示的情况，布宜诺斯艾利斯和科尔多瓦的家庭很少有这些家具。1718 年，巴列·德·托霍（Valle de Tojo）侯爵胡安·何塞·坎佩罗（Juan José Campero）的清单中只有一张来自中国的锡质写字台，带有墨水瓶，还有几个木箱或衣箱。1702 年，布宜诺斯艾利斯的安东尼奥·贝罗斯（Antonio Berois）上尉的清单中也出现了一个衣箱。在我们所查阅的资料中，只出现过一个中国床帐，所属财产清单的记录年份是 1712 年，为布宜诺斯艾利斯的费利佩·埃雷拉（Felipe Herrera）上尉所有。屏风也很少出现。在整个 18 世纪，这种用以营造私密空间的家具仅仅在 5 个财产清单中出现过，而且多个都是旧的、用过的。1774 年，科尔多瓦的约瑟法·贝尼特斯·伊卡兰萨（Josepha Benítez y Carranza）的清单中有一个屏风，是木质的，带有中国风格的图案。同样，1791 年，科尔多瓦的罗萨·卡兰萨（Rosa Carranza）的清单中也有一件"中国屏风"。

18 世纪最后 25 年里的财产清单经常用"中国样式（chinescas）"一词来描述东方风格或样式的长筒袜、手帕或方巾、缎带等织物以及扇子、屏风、帽子、餐具等物品。本章已提到有些屏风或手帕所具有的"中国"特征。"中国的"一词也可以具体地指代带有东方主题和图案的丝绸服装或面料（碎花丝绸、雪纺、

---

① 关于屏风在西属美洲的流通概况，请参阅：Zapatero, "Un ejemplo de mundialización", 2012, pp. 31-62. 新西班牙的情况请参阅：Curiel, Gustavo, "Consideraciones", 1992, pp.131-159. 秘鲁的情况请参阅：Crespo, *Arquitectura*, 2005, p. 327.

罗缎、花绸、北京绸、塔夫绸），它们将花卉写实发挥到极致。[①] 布宜诺斯艾利斯大商人曼努埃尔·曼努埃尔·埃斯卡拉达·伊布斯蒂略（Manuel Escalada y Bustillo）的案例非常引人注目，1774 年，他的商店出现了很多商品 [②]，如：

98 打女孩用老式中国扇子

11 条中国染边手帕

4 打中国（带枝叶图案）纱巾

12 打中国双面染色丝绸手帕

"中国样式（chinescas）"物品也在科尔多瓦很多地方出现。1780 年，里奥夸尔托（Río Cuarto）居民纳尔西索·本戈莱亚（Narciso Bengolea）的财产清单中记载了"一双中国样式的红袜"。1786 年，生活在"科尔多瓦山脉"农村地区的特奥多拉·卢汉（Teodora Luján）夫人的财产清单中有一条"很旧的中国样式的塔夫绸蓝裙，带有三圈仿银丝带"。1788 年，科尔多瓦居民何塞·德尔·布斯托（José del Busto）有 150 多巴拉中国丝带，有的带白银装饰，有的不带。关于这些东方物品的来源，布宜诺斯艾利斯商人胡安·安东尼奥·莱尔多（Juan Antonio Lerdo）在 1790 年留下的财产清单有所记录。清单记录了"4 打中国样式的双面丝绸帽子，产于纳瓦罗，一打价值 17 比索 4 雷亚尔"。此外，特蕾莎·伊巴尔·德·法尔孔（Teresa Ibar de Falcón）的一份财产清单记载了一条"流行于西班牙的中国样式萨雅裙"。[③] 中国样式在手帕和连衣裙上都有所体现且受到消费市场的普遍欢迎。此外，18 世纪末，对中国瓷器的模仿也普遍存在，因为这一时期，中国瓷器在布宜诺斯艾利斯很受青睐。城市的考古研究表明，消费量巨大的塞维利亚特里亚纳（Triana）珐琅陶瓷也被称为"中国样式"。西班牙生产的很多瓷盘（盘的边缘）粗略地模仿了中国瓷艺中出现的花卉

---

① Porro, Astiz y Rospide, *Aspectos*, 1982, volumen Ⅱ, p. 361.

② 来源：AGN, Ramo Sucesiones, legajo 5563, s/n de exp., f. 104.

③ AGN, Sucesiones, 6727, s/n de expediente, f. 67v.；特蕾莎夫人的案例请参阅：Porro, Astiz y Rospide, *Aspectos*, 1982, volumen Ⅱ, p. 361.

图案。[①]

简而言之，"中国样式"一词是指在欧洲生产的、模仿深受消费者欢迎的中国物品的设计和风格的物品。在欧洲作坊中，模仿东方风格已成为一种时尚，在欧洲的不同社会阶层中也是如此。[②] 这种创举的产生是因为人们深刻地意识到18世纪上半叶中国纺织品所取得的成就。在欧洲，为了吸引更多喜爱亚洲风格的消费者，"中国式的"材料、设计和款式实现了标准化。曼努埃尔·埃斯卡拉达（Manuel Escalada）的案例就是最好的证明，他有100打扇子，这些扇子有意模仿女孩用的中国扇子的款式。象牙制成的中国扇子是有地位的女性的必备品，因此在18世纪这种扇子经常出现在西属美洲，但是18世纪末期，由欧洲仿制的中国样式的扇子也经常出现，如1782年，布宜诺斯艾利斯居民何塞·安东尼奥·迪亚斯·皮米恩塔（José Antonio Díaz Pimienta）有一把新式的中国珍珠贝扇。[③]

当时的欧洲正经历深刻的工业变革，欧洲制造的大部分商品都是"东方化的"。 欧洲的艺术领域也经历了相似的进程，这种进程被称为"中国风"风潮。欧洲人在自己的艺术作品中融入东方元素和东方设计。17世纪末，"中国风"的艺术潮流初现欧洲；18世纪中叶达到顶峰；之后，它被洛可可风超越。[④] 因此，"中国样式"出现在财产清单中和"中国风"艺术潮流的发展是同步的。这种现象不限于艺术领域，也广泛体现在消费领域和物质文化方面。[⑤] 于是，中国样式的商品开始批量生产。 18世纪上半叶，中国纺织品和其他商品经历了西方化的改造，后来，这一进程被反转，欧洲样式开始经历"中国化"的改造。

中国商品的存在产生了两种截然相反的效果：一方面，中国商品的贸易和消费遍布全球（即使在禁止消费中国商品的地方，中国商品也依然存在）；另

[①] Schávelzon, "La cerámica", 1998, pp. 21-24.

[②] Mariluz Urquijo, "La China", pp. 7-9.

[③] 据波罗·伊巴尔贝罗，当时的商店和店铺里有中国原产的扇子。Porro y Barbero, *Lo Santuario*, 1994, p. 183.

[④] Impey, *Chinoiserie*, 1977. 关于中国风在西属美洲的影响请参阅：Abby, "Trade", 206, p. 180.

[⑤] Berg, "New Commodities", 1999, pp. 63-87.

一方面，中国商品的贸易却加强了"西方化"的垄断地位。[①] 欧洲推动全球化的所作所为要么使中国的商品西方化，要么使欧洲的商品东方化。18世纪上半叶中国布料所经历的过程是"使中国的商品西方化"。当欧洲经历工业革命时，纺织品、瓷器等产品的大规模生产使美洲市场充斥着欧洲商品，这一过程属于"欧洲的商品东方化"。在这种环境下，一件欧洲产品也许吸收了中国的设计风格，以便在数十年前就已经熟悉并接受中国物品的消费者们愿意购买它们。

第十节　小　结

我们简要地概括一下本章的中心思想。我们的结论不是封闭的也不是绝对的，在某些情况下，只是对一些史学观点的审视。首先，得益于对科尔多瓦和布宜诺斯艾利斯档案馆的资料进行耐心的搜集和分析，我们得以勾画出中国商品流通的路线和网络，确定了其轴心点和分销点并估算了商品的数量。另外，我们也分析了这种贸易对本地居民的消费习惯的影响。我们还找出了一些重要的贸易参与者，即利马的大商人们，是他们把亚洲商品的贸易活动推向繁荣，他们在安第斯地区、基多、智利、图库曼、拉普拉塔总督区等市场上大量销售中国商品，从而收获了财富。我们还确定了商品的数量、证明了商品质量的多样性。正因如此，18世纪初，无论是南美的上层社会还是下层社会都有能力消费东方商品。上至达官贵人、高级神职人员，下至城市居民、农村人和低级神职人员都在消费中国布料和瓷器。其中，前者消费的是精品绸缎和瓷器，后者消费的是普通白瓷和生丝（他们将中国产的生丝加工成衣服和布料）。

我们已经证实，就连图库曼省和布宜诺斯艾利斯这样位于西班牙帝国的"边缘"角落的地方其日常物质文化都受到了东方文化的显著影响，那么在经济文化活动更繁盛的地方（如新西班牙或秘鲁），中国商品在日常生活中的影响将

---

① 关于在全球化过程中有利于推动"西方化"的因素请参阅：Gruzinsky, *Las cuatro*, 2010.

更为可观。在殖民时期，新西班牙和秘鲁由于盛产白银又拥有广阔的消费市场，各种贸易路线在此汇聚，它们有更多的机会与和中国文化相关的事物开展互动。在本书开头和中间，我们提到并引用了有关"在新西班牙和秘鲁出现过的亚洲物品"的研究，但实际上没有任何研究将中国元素在上述地区所代表的物质文化和象征意义作为主要研究对象。如果详细查阅这两个殖民地留下的遗产清单，我们也许会有更惊人的发现。

其次，被我们选来探究殖民地历史的财产清单是一种宝贵的研究工具，它能帮助我们克服其他类型的参考资料由于话语体系和正式性而造成的局限性。换句话说，我们不可能通过研究海关记录、政治官员与贸易公司之间的官方书信来研究中国或亚洲商品。各种财产清单不仅为我们揭秘了在暗箱操作的背景下违禁商品的流通和消费情况，也展示了西班牙帝国的"边缘"地区参与这种世界级的贸易和文化交流的方式。我们之所以能够真正认识殖民时期的这一历史现象，是因为我们设法跨越了空间的障碍，从而将不同大陆和地区的历史联系起来。其中，最重要的一点是弄清楚当时的全球化程度。

我们要说的第三点与上述两个观点有关。传统上，学界认为，亚洲商品对西属美洲的影响非常微弱，产生这种观点的原因有两方面。一方面，亚洲只被允许与新西班牙总督区进行贸易往来；另一方面，中国或东方商品仅供精英消费。本文的论据和证据并非为了指摘以上观点，而是为了提供更全面的视角和更丰富的信息，以免以偏概全。中国物品曾在整个西属美洲流通，它们既从太平洋一侧流入也从大西洋一侧流入。有的在新西班牙被消费，有的到达了布宜诺斯艾利斯或科尔多瓦的消费市场。

同样，中国商品既在城市流通，也在农村流通。这个过程是一种模仿，在城市的物质生活文化的带动下，中国商品的影响力扩展到了土著居民和农村人的世界中。阿诺德·鲍尔（Arnold Bauer）对西属美洲的物质文化所做的经典研究使我们开始审视一个广泛流传的观点，即农村和农民的文化非常保守，即使在世纪交替中也几乎没有什么改变。阿诺德借用乔治·福斯特（George Foster）的伟大作品《文化与征服》提出，以上观点是完全错误的，因为它将农村生活视为一种静态的形象，错误地认为城市中的变化过程不能对其产生影响。事实上，城市的消费潮流在到达农村社会之前会经历不断的过滤和改造，以便最终符合当地人的喜好。① 中国面料和瓷器的消费即这一过程的例证，农村社会对它们的消费是文化和经济意义上的模仿行为。

实际上，没有任何行政、政治或法律限制可以阻止中国商品的流通和消费。这种贸易活动广泛存在的原因是什么？首先，与亚洲商品的消费模式有关。无论是供个人和家庭使用的纺织品，还是用于厨房和烹饪的瓷器，亚洲商品在质量和价格上的多样性使其获得了广泛而多样的消费群体。到达西属美洲的中国商品既有精美而昂贵的，也有普通和质量中等的，其中后者占大多数，中下层人群都可以消费得起。此外，西班牙帝国或世界范围内的某些贸易和生产因素进一步加强了中国商品在西属美洲消费者心中的地位。因此，不应该一味地把中国或亚洲商品与异国情调、奢侈、特选或精英阶层画等号。

其次，该地区中国产品的消费模式是随着 18 世纪西班牙帝国的史学地理轴线所经历的变化而变化的。18 世纪上半叶，亚洲纺织品是科尔多瓦和布宜诺斯艾利斯的主要消费品。亚洲纺织品在太平洋贸易轴线上流动，利马是其主要的分销点。18 世纪下半叶，私人登记船只成为西班牙和美洲之间主要的贸易形式，贸易革命的大西洋化是理解中国商品的消费情况所发生的变化的关键。这一时期，中国瓷器在进口的东方商品中占主导地位，布宜诺斯艾利斯港成为中国商品进入内陆地区的主要港口。从长期来看，大西洋、太平洋两大洋在中国元素融入西属美洲的物质文化的进程中发挥了重要作用。

之所以有大量中国商品流入南美地区是因为美洲的贸易参与者在商品的销售和流通中起决定性作用。亚洲商人并非直接来美洲为他们的商品寻找销路，而是由美洲商人通过太平洋将商品运达美洲，或由欧洲商人通过大西洋运达美洲。18 世纪下半叶，美洲商人或欧洲商人甚至前往亚洲购买商品。此处，我们再次强调本书引言中已经提到的一个话题。当时的中国优先考虑发展内部经济，而非拓展商业版图或领土版图。与此相反，在殖民时期，构建对外贸易的商业帝国是欧洲国家之间互相竞争的重要形式。从这个意义上讲，始于 18 世纪末的英国乃至欧洲的工业革命为欧洲纺织品在殖民市场的消费创造了理想条件，由此，欧洲纺织品成功地取代了在 18 世纪初一度享有盛誉的中国商品。

---

① Bauer, *Goods*, 201, p. 104.

结　语

接下来简短地总结一下本书的主旨。各章都有相应的详细总结，此处不再赘述。本书揭示了亚洲商品在一定程度上对西属美洲的经济影响和社会影响。本书第一章"边缘的中心位"从贸易的整体概况出发介绍了亚洲商品的流通情况。我们很难认同的一个视角是唯西班牙独尊，认为中国和西属美洲之间的联系只是西班牙帝国贸易活动的辅助因素、外部因素，甚至是破坏性因素。因此，在第一章，我们用不一样的视角看待亚洲商品的流入。虽然亚洲商品的进入会对西班牙政治中心的地位构成挑战，但其与本地经济的发展是相互适应、相辅相成的，也是互补的。第二章介绍的是太平洋贸易的核心内容，它是西班牙帝国范围内贸易框架的一部分，而墨西哥就像这个网络的心脏一样发挥着重要作用。

中国商品在西属美洲的普遍流通在很大程度上满足了不同的社会消费需求。第三章的所有讨论都围绕这一话题展开。如果不把对中国商品的消费看作一种奢侈消费，而是考虑到大部分消费中国商品的人都是平民阶层，其实他们的消费力量很强，而且大众化的消费占比远远大于精英阶层的消费占比。如果说阿卡普尔科和布宜诺斯艾利斯之间的贸易航线所运输的商品都是奢侈品，显然是令人怀疑的。在审视这种观点的同时，我们不仅对在该地区流通的亚洲商品的构成进行了简单回顾，也分析了它对西属美洲的社会和经济生活的方方面面所产生的影响。也就是说，广泛的消费需求是推动西属美洲的亚洲商品的生产和分销活动向前发展的"燃料"之一。

那么，我们的疑问是：究竟是亚洲面料的广泛消费推动了商品的生产和贸易，还是亚洲面料凭借较低的生产成本和贸易成本创造了庞大的消费市场？虽然无意在本书的结尾对消费理论展开分析，但是我们想引用亚当·斯密的观点来表达我们的用意。亚当·斯密认为，生产和贸易的终极目的是满足消费者的需求。[1] 消费不应该单单被视为文化史的分析变量，也不应该仅被视为一种能实现交流、表达和表征功能的后现代的特征。一直以来，欧洲史学界认为，17世纪消费领域的变革对理解 18 世纪的工业社会具有重要意义。将消费看作拉动生产的杠杆是存在风险的。[2] 不过，我们也不应否认，消费和生产、市场、价格周期、商品分配、社会流动性、家庭是密切相关的。此外，消费和劳动是分不开的，它是一种宏观经济变量，应该把它和生产、供求、分配和交换等过程联系起来进行分析。

---

[1] Smith, *Investigación*, 1958, p. 358.

[2] Mckendrick, Brewer and Plumb, *The Birth*, 1982, De Vries, *La Revolución*, 2009; Quiroz, *El Consumo*, 2006, p.17.

参考文献

ABU-LUGHOD, Janet, *Before European Hegemony. The World System A.D. 1250-1350*, Nueva York, Oxford, University Press, 1989.

ALCEDO Y HERRERA, Dionisio, *Piraterías y agresiones de los ingleses y de otros pueblos de Europa en la América española. Desde el siglo XVI al XVIII*, Madrid, Manuel Hernández, 1883.

Almanak mercantil o Guía de comerciantes para el año 1802, Madrid, Imprenta Vega y Compañía, 1802.

ÁlVAREZ, Luis Alonso, "*E la nave va*. Economía, fiscalidad e inflación en las regulaciones de la carrera de la Mar del Sur", en Salvador Bernabeú y Carlos Martínez Shaw (eds.), *Un océano de seda y plata: el universo económico del Galeón de Manila*, Sevilla, Consejo Superior de Investigaciones Científicas, 2013, pp. 25-84.

–, "El impacto de las reformas borbónicas en las redes comerciales. Una visión desde el Pacífico hispano, 1762-1815", en Antonio Ibarra y Guillermina del Valle Pavón (coords.), *Redes sociales e instituciones comerciales en el imperio español, siglos XVII a XIX*, México, Instituto de Investigaciones Dr. José María Luis Mora-Facultad de Economía (Universidad Nacional Autónoma de México), 2007, pp. 187-213.

ÁlVAREZ DE ABREU, Antonio, *Extracto historial del comercio entre China, Filipinas y Nueva España (1736)*, en Carmen Yuste (comp.), México, Instituto Mexicano de Comercio Exterior, 2 t., 1977.

ÁlVAREZ NOGAL, Carlos, "Las remesas americanas en la financiación de la real hacienda. La cuantificación del dinero de la Corona, 1621-1675", *Revista de Historia Económica*, XVI, N° 2, 1998, pp. 453-488.

AMAT Y JUNIENT, Manuel, *Memoria de gobierno. Virrey del Perú 1761-1776*, edición y estudio preliminar de V. Rodríguez Casado y F. Pérez Embid, Sevilla, Escuela de Estudios Hispanoamericanos, 1947.

AMENÁBAR, Isabel Cruz de, "Trajes y moda en Chile 1650-1750: jerarquía social y acontecer histórico", *Historia*, N° 21, Santiago, 1986, 177-214.

ARAUZ MONTANTE, Andrés, *El contrabando holandés en el Caribe durante la primera mitad del siglo XVIII*, Caracas, Biblioteca de la Academia Nacional de la Historia, 1984.

ARCONDO, Aníbal, *El ocaso de una sociedad estamental. Córdoba entre 1700-1760*, Universidad Nacional de Córdoba, 1992, pp. 103-227.

ARRIGHI, Giovanni, "Estados. Mercados y capitalismo, Oriente y Occidente", *Anuario Asia-Pacífico*, Barcelona, Casa Asia-cidob-Real Instituto Elcano, N°1, 2005, pp. 339-352.

ASSADOURIAN, Carlos Sempat, *El sistema de la economía colonial*, Lima, Instituto de Estudios Peruanos, 1982.

–, "Integración y desintegración regional en el espacio colonial. Un enfoque histórico", en *Mercados e historia*, México, Instituto Mora, 1994, pp. 141-164.

–, "Potosí y el crecimiento económico de Córdoba en los siglos XVI y XVII", en *Homenaje al doctor Garzón Maceda*, Córdoba, Instituto de Estudios Americanistas, Dirección General de Publicaciones, 1973, pp. 173-177.

ATTMAN, Artur, *The Bullion Flow between Europe and the East, 1000-1750*, Gotemburgo, R. Soc. de Letras y Ciencias, 1981.

AZCÁRRAGA Y PALMERO, Marcelo, *La libertad de comercio en Filipinas*, Madrid, Imprenta José Noguera, 1782.

BAENA ZAPATERO,Alberto, "Un ejemplo de mundialización: el movimiento de biombos desde el Pacífico hasta el Atlántico, siglos XVII y XVIII", *Anuario de Estudios Americanos*, 69, 1, Sevilla, 2012, pp. 31-62.

BAUER, Arnold, Goods, Power, History. Latin America's Material Cultu- re, Cambridge, University Press, 2001.

BAZNT, Jan, "Evolución de la industria textil poblana (1554-1845)",*Historia Mexicana*, México, N.º 52, 1964, pp. 473-516.

BERG, Maxine, "New commodities, luxuries and their consumers in eighteenth century England", en Maxine Berg y Helen Clifford (eds.), *Consumer Culture in Europe (1650-1850)*, Manchester University Press, 1999, pp. 63-87.

BERNAL, Antonio Miguel, *España. Proyecto inacabado. Los costes/beneficios del Imperio*, Madrid, Marcial Pons, 2005.

–, "La carrera del Pacífico: Filipinas en el sistema colonial de la carrera de Indias", en Leoncio Cabrero (coord.), *España y el Pacífico, Legaspi*, t. i, Madrid, Sociedad Estatal de Conmemoraciones Culturales, 2004, pp. 485-525.

–, *La financiación de la carrera de Indias*, Sevilla, Fundación El Monte, 1993.

– e Isabel MARTÍNEZ RUIZ, *La financiación de la Carrera de Indias (1492-1824): dinero y crédito en el comercio colonial español con América*, Madrid, Fundación el Monte, Tabapress, 1992.

BISIO DE ORLANDO, Raquel, "Las temporalidades de Córdoba del Tucumán", en *Jesuitas, 400 años en Córdoba*, Congreso Internacional, Universidad Católica de Córdoba, Universidad Nacional de Córdoba-Junta Provincial de Córdoba, 1999, pp. 59-98.

BLANNING, Tim, *The Eighteenth Century*, Oxford University Press, 2000.

BONIALIAN, Mariano, "México, epicentro semiinformal del comercio hispanoamericano (1680-1740)", *América Latina en la historia económica*, N.º 35, México, 2011, pp. 5-28.

–, *El Pacífico hispanoamericano. Política y comercio asiático en el Imperio español (1680-1784)*, El Colegio de México, 2012.

BORAH, Woodrow, *Comercio y navegación entre México y Perú en el siglo XVI*, México, Instituto Mexicano de Comercio Exterior, 1975.

–, *Silk Raising in Colonial Mexico*, Berkeley-Los Ángeles, 1943.

BRACCIO, Gabriela, "Esteban Sampzon, un escultor filipino en el Río de la Plata", *Eadem Utraque Europa*, año 5, Nº 8, Buenos Aires, UNSAM, junio de 2009, pp. 53-72.

CABREJAS, Laura Leonor, "Vida material en la frontera bonaerense (1736-1870): vivienda, muebles e indumentaria", en Carlos Mayo (ed.), *Vivir en la frontera: la casa, la dieta, la pulpería, la escuela (1770-1870)*, Buenos Aires, Biblos, 2000, pp. 41-70.

CAPOCHE, Luis, *Relación general de la Villa Imperial de Potosí* (1585), Madrid, Atlas, 1959.

CARMAGNANI, Marcello, "La organización de los espacios americanos en la monarquía española (siglos XVI-XVIII)", en Óscar Mazín y José Javier Ruiz Ibáñez (eds.), *Las Indias Occidentales. Procesos de incorporación territorial a las monarquías ibéricas*, El Colegio de México, 2012, pp. 331-356.

–, *Las islas de lujo. Productos exóticos, nuevos consumos y cultura eco- nómica europea, 1650-1800*, El Colegio de México-Marcial Pons Historia, 2012.

CASTILLERO CALVO, Alfredo, *Economía, sociedad y cultura material. Historia urbana de Panamá La Vieja*, Panamá, Imprenta Alloni, 2006.

CÉSPEDES DEL CASTILLO, Guillermo, *La avería en el comercio de Indias*, Sevilla, Escuela de Estudios Hispanoamericanos, 1945.

–, *Lima y Buenos Aires. Repercusiones económicas y políticas de la creación del virreinato del Río de la Plata*, Sevilla, Escuela de Estudios Hispanoamericanos, 1947.

CONCOLORCORVO, *El lazarillo de ciegos caminantes desde Buenos Aires hasta Lima* (1771-1773), Buenos Aires, Espasa-Calpe, 1946.

CONTRERAS, Miguel de, "Padrón de los indios que se hallaron en la ciudad de los Reyes del Perú, hecho en virtud de comisión del marqués de Montesclaros", en *Biblioteca Digital Hispánica*, Mss/3032, 1614.

CRESPO RODRÍGUEZ, María Dolores, *Arquitectura doméstica de la ciudad de los Reyes (1535-1750)*, Sevilla, Consejo Superior de Investigaciones Científicas, Escuela de Estudios Hispanoamericanos de Sevilla, 2006.

CURIEL, Gustavo, "Consideraciones sobre el comercio de obras suntuarias en la Nueva España de los siglos XVII y XVIII", en José Guadalupe Victoria, Elisa Vargas Lugo y María Teresa Uriarte (comps.), *Regionalización en el arte. Teoría y praxis. Coloquio Internacional de Historia del Arte*, México, Gobierno del Estado de Sinaloa-unam (Instituto de Investigaciones Estéticas), 1992, pp. 127-160.

CHAUNU, Pierre, *Les Philippines et le Pacifique des Ibériques (XVI, XVII, XVIII). Introduction Méthodologique et Indices d'activité*, París, Sevpen, 1960.

–, *Seville et Atlantique, 1500-1650*, París, Libraire Armand Colin, t. V, 1955-1959.

–, "Veracruz en la segunda mitad del siglo xvi y primera del siglo XVII", *Historia Mexicana*, vol. 9, N° 4, 1960, pp. 521-557.

DE Vries, Jan, *La revolución industriosa. Consumo y economía doméstica desde 1650 hasta el presente*, Crítica, Barcelona, 2009 [1ª ed. 2008].

DERRY, Thomas K. y Trevor I. WILLIAMS, *Historia de la tecnología. Desde la Antigüedad hasta 1750*, Madrid, Siglo XXI, 1990.

DÍAZ TRECHUELO, María Lourdes, *La Real Compañía de Filipinas*, Sevilla, Escuela de Estudios Hispanoamericanos de Sevilla-Consejo Superior de Investigaciones Científicas, 1965.

DILG, Robertson George, "The Collapse of the Portobelo Fairs. A Study in Spanish Commercial Reform, 1720-1740", tesis doctoral, Indiana University 1975.

DO AMARAL LAPA, José Roberto, *A Bahia e a Carreira de Indias*, San Pablo, Hucitec-Unicamp, 2000.

DUARTE, Carlos, *Mobiliario y decoración interior durante el período hispánico venezolano*, Caracas, Armitano, 1996, pp. 26-161.

–, *Patrimonio hispánico-venezolano perdido. Con un apéndice sobre el arte de la sastrería*, Caracas, Academia Nacional de la Historia, 2002.

ESCALONA AGÜERO, Gaspar, *Gazophilacium Regium Perubicum*, Madrid, Blassi Román, 1775.

EVERAERT, John, *De internationale en koloniale handel der Vlaamse firma's te Cadiz, 1670-1700*, Brujas, De Temple, 1973.

FENG, Lingyu y Weimin SHI, *Perfiles de la cultura china*, China Intercontinental Press, 2001.

FERNÁNDEZ DE PINEDO, Emiliano, "Comercio colonial y semiperiferización de la monarquía hispánica", *Áreas, desigualdad y dependencia*, Murcia, 1986, pp. 121-131.

FISHER, Abby Sue, "Trade Textiles: Asia and New Spain", en Gauvin Alexander Bailey, "Asia in the Arts of Colonial Latin America", Joseph Rishel y Suzanne Stratton Pruitt (eds.), *The Arts in Latin America 1492-1820*, University Press, New Haven-Londres, 2006, pp. 184-185.

FITTE, Ernesto, "Viaje al Plata y a Chile por mar y por tierra del jesuita Antonio María Fanelli en 1698", apartado de *Historia*, Nº 40, Buenos Aires, 1965.

FLORES, Ramiro, "El secreto encanto de Oriente. Comerciantes peruanos en la ruta transpacífica (1590-1610)", en Scarlett O' Phelan Godoy y Carmen Salazar Soler (eds.), *Passeurs, mediadores culturales y agentes de la primera globalización en el mundo ibérico, siglos XVI-XIX,* Lima, Pontificia Universidad Católica del Perú, 1995, pp. 377- 409.

FREIHERR VON RICHTHOFEN, Ferdinand, *China. Ergebnisse Eigener Reisen*, Berlín, 1877-1905.

GAGE, Thomas, *Viajes a la Nueva España*, La Habana, Casa de las Américas, 1980.

GARCÍA-BAQUERO GONZÁLEZ, Antonio, *Cádiz y el Atlántico (1717-1778)*, Estudios Hispanoamericano de Sevilla, 1976.

GARCÍA FUENTES, Lutgardo, *El comercio español con América, 1650-1700*, Escuela de Estudios Hispanoamericanos de Sevilla, 1980.

–, *Los peruleros y el comercio de Sevilla con las Indias, 1580-1630*, Universidad de Sevilla, 1997.

GEMELLI CARRERI, Giovanni, *Viaje a la Nueva España* (1701), México, unam, 1983.

GONZALBO AIZPURU, Pilar (coord.), *Vida cotidiana en México. III: El siglo xviii: entre tradición y cambio*, México, FCE, 2005.

GRACIA, Joaquín, *Los jesuitas en Córdoba*, Buenos Aires-México, Espa-sa-Calpe, 1940.

GRAU Y MONFALCÓN, Juan, *Justificación de la conservación y comercio de las Islas Filipinas*, Madrid, 1640.

–, "Memorial dado al Rey en su Real Consejo de Indias por el procurador general de las islas Filipinas (sin fecha)", *Colección de documentos inéditos relativos al descubrimiento, conquista y organización de las antiguas posesiones españolas de América y Oceanía*, Madrid, Frías y Compañía, 1866, vol. VI, pp. 364-483.

GRUZINSKY, Serge, *Las cuatro partes del mundo. Historia de una mundialización*, México, FCE, 2010.

GUARDA, Gabriel, *La sociedad en Chile austral, antes de la colonización alemana 1645-1845*, Santiago de Chile, Andrés Bello, 1979.

HAMASHITA, Takeshi, *China, East Asia and the Global Economy, Regional and Historical Perspectives*, Abingdon, Routledge, 2008.

HANKE, Lewis, *Los virreyes españoles en América durante el gobierno de la Casa de Austria. Perú*, Madrid, Atlas, t. III, 1979-1980.

HOBERMAN, Louisa, *Mexico's merchant elite. 1590-1660. Silver, state and society*, Durham, Duke University Press, 1991.

IBARRA, Antonio, "Redes de circulación y redes de negociantes en el mercado interno novohispano: los mercaderes del Consulado de Guadalajara", en Antonio Ibarra y Guillermina del Valle Pavón (coords.), *Redes sociales e instituciones comerciales en el imperio español, siglos XVII a XVIII*, México, Instituto Mora-unam (Facultad de Economía), 2007, pp. 279-294.

IMPEY, Oliver, *Chinoiserie: The Impact Oriental styles on Western art and Decoration*, Oxford University Press, 1977.

IWASAKI CAUTI, Fernando, *Extremo Oriente y Perú en el siglo XVI,* Madrid, Mapfre, 1992.

JAMIESON, Ross William, *De Tomebamba a Cuenca, arquitectura y arqueología colonial*, Quito, Abya-Yala, 2003.

JARA, Álvaro, "Las conexiones e intercambios con el Oriente bajo el marco imperial español", en Dennis Flynn, Arturo Giráldez y James Sobredo (eds.), *European Entry into the Pacific. Spain and the Acapulco-Manila Galleons*, Ashgate, 2000, pp. 35-69.

JOHNSON, Lyman, "Salarios, precios y costo de vida en el Buenos Aires colonial tardío", *Boletín del Instituto de Historia Argentina y Americana Dr. Emilio Ravignani*, N° 2, Buenos Aires, 1990, pp.133-157.

JUMAR, Fernando, *Le commerce atlantique au Río de la Plata, 1680-1778*,Villeneuve d'Ascq, Presses Universitaires du Septentrion, t. I, 2002.

KENNETH, Andrien, *Crisis and Decline the Viceroyalty of Peru in the Seventeenth Century*, University of New Mexico Press, 1985.

KRASELSKY, Javier, "Las Juntas de Comercio en el Río de la Plata. Los comerciantes y sus estrategias de acción colectiva a finales del siglo XVIII", en Antonio Ibarra y Guillermina del Valle Pavón (coords.), *Re- des sociales e instituciones comerciales en el imperio español, siglos XVII a XVIII,* México, Instituto Mora-unam (Facultad de Economía), 2007, pp. 249-278.

KUWAYAMA, George, "Cerámica china", *Íconos. Revista peruana de conservación, arte y arqueología*, N° 3, Perú, 2000-2001, pp. 20-29.

LAMIKIZ, Xavier, "Flotistas en la Nueva España: diseminación espacial y negocios de los intermediarios del comercio trasatlántico,1670-1702",*Colonial Latin American Review*, vol. 20, N° 1, 2011, pp. 9-33.

LANES Y DUVAL, Juan, *Arte de la cría del gusano de seda*, Madrid, Imprenta Real, 1787.

LASTARRIA, Miguel, *Portugueses y brasileños hacia el Río de la Plata: un informe geopolítico (1816)*, Buenos Aires, Pool, 1977.

LAZCANA COLODREDO, Arturo G., *Linaje de la gobernación del Tucumán,*t. III, Córdoba, Biffignani, 1969.

LESSER, Ricardo, *La última llamarada. Cevallos, el primer virrey del Río de la Plata*, Buenos Aires, Biblos, 2005.

LOHMAN VILLENA, Guillermo, *Historia marítima del Perú, siglos XVII y XVIII*, Lima, Marina de Guerra del Perú, t. IV, 1973.

MACLEOD, Murdo, "Aspectos de la economía interna de la América española colonial: fuerza de trabajo, sistema tributario, distribución e intercambios", en Leslie Bethell (ed.), *Historia de América Latina*, Barcelona, Crítica, 1990, pp. 148-210.

MALAMUD RIKLES, Carlos, *Cádiz y Saint Maló en el comercio colonial peruano (1698-1725)*, España, Diputación de Cádiz, 1986.

MALO DE LUQUE, Eduardo, *Historia política de los establecimientos ultramarinos*, Madrid, t. V, 1790.

MARCOLETA, Domingo de, "Nueva Representación que hace a Su Majestad Domingo de Marcoleta, apoderado de la ciudad de Buenos Aires (1750)", en *Documentos para la Historia Argentina*, Buenos Aires, Compañía Sudamericana de Billetes de Banco, t. V, pp. 153-156.

MARILUZ URQUIJO, José, "La China, utopía rioplatense del siglo xviii", *Historia de América*, N° 98, Instituto Panamericano de Geografía e Historia, México, 1984, pp. 7-31.

MÁRQUEZ DE LA PLATA, Fernando, "Los trajes en Chile durante el siglo XVI, XVII y XVIII", *Boletín de la Academia Chilena de la Historia*, primer semestre, Santiago, 1934, pp. 1-71.

MARTÍN, Luis, *Las hijas de los conquistadores. Mujeres del virreinato del Perú*, España, Casiopea, 2000.

MARTÍNEZ, Pedro, "Descripción de los pueblos de la provincia de Panuco sacadas de las relaciones hechas por Pedro Martínez, capitán y alcalde mayor de aquella provincia (1609)", *Colección de documentos inéditos relativos al descubrimiento, conquista y organización de las antiguas posesiones españolas de América y Oceanía*, Krauss Reprint, Nendeln-Liechtenstein, vol. IX, pp. 150-166.

MAYO, Carlos, *Estancia y sociedad en la Pampa (1740-1820)*, Buenos Aires,

Biblos, 2004.

MAZÍN, Oscar y José Javier RUIZ IBÁÑEZ (eds.), *Las Indias Occidentales. Procesos de incorporación territorial a las monarquías ibéricas*, El Colegio de México, 2012.

MCKENDRICK, Brewer y John H. PLUMB, *The Birth of a Consumer Society. The comercialization of Eighteenth Century England*, Bloomington, 1982.

MCPHERSON, Kenneth, *The Indian Ocean: A History of People and the Sea*, Delhi, Oxford University Press, 1993.

MONTERO VIDAL, José, *Historia general de Filipinas. Desde el descubrimiento de dichas islas hasta nuestros días*, Madrid, t. II, 1887-1895.

MONTESCLAROS, marqués de, "Carta sobre la contratación de los dominios del Perú con España (1612)", *Colección de documentos inéditos relativos al descubrimiento, conquista y organización de las antiguas posesiones españolas de América y Oceanía*, Imprenta Frías y Compañía, Madrid, Madrid, 1866, t. V, pp. 340-345.

MOREYRA, Cecilia, "Entre lo íntimo y lo público: la vestimenta en la ciudad de Córdoba a fines del siglo XVIII", *Fronteras de la Historia*, vol. 15, N° 2, Instituto Colombiano de Antropología e Historia, Bogotá, 2010, pp. 388-413.

MORINEAU, Michael, *Incroyables gazettes et fabuleux métaux*, Cambridge University Press, 1985.

MORNER, Magnus, *Actividades políticas y económica de los jesuitas en el Río de la Plata: la era de los Habsburgos*, Buenos Aires, Paidós, 1968.

MOUTOUKIAS, Zacarías, *Contrabando y control colonial en el siglo XVII: Buenos Aires, el Atlántico y el espacio peruano*, Buenos Aires, CEAL, 1988.

MUGABURU, Josephe de y Francisco de MUGABURU, *Diario de Lima (1640-1694). Crónica de la época colonial*, Urteaga y Romero (eds.), Lima, San Martí y Cía., 1918.

MURÚA, fray Martín de, *Historia general del Perú* (1606-1613), Madrid, Dastín, 2001.

MUZQUIZ DE MIGUEL, José Luis, *El conde de Chinchón. Virrey del Perú,* Madrid, Escuela de Estudios Hispanoamericanos, 1945.

NAVARRO GARCÍA, Luis, "El comercio interamericano por la Mar del Sur en la Edad Moderna", *Revista de Historia*, N° 23, Caracas, 1965, pp. 11-55.

NORMAN WEISSEL, Marcelo, "Arqueología de rescate de obra nueva del Banco Galicia. Testigos urbanos del ser occidental", *Anales del Instituto de Arte americano*, N° 39-40, Facultad de Arquitectura (uba),2005-2006, pp. 129-157.

OLLÉ, Manuel, *La empresa de China. De la Armada Invencible al Galeón de Manila*, Barcelona, El Acantilado, 2002.

ORSÚA Y VELA, Arzans de, *Historia de la Villa Imperial de Potosí*, Hanke Lewis y Gunnar Mendoza (eds.), Providence Brown University Press, t. I-III, 1965.

PARRÓN SALAS, Carmen, *De las reformas borbónicas a la República. El Consulado y el comercio marítimo de Lima, 1778-1821*, Murcia, Imprenta de la Academia General del Aire, 1995.

PAZ-SOLDÁN Y MOREYRA, Manuel (comp.), *El Tribunal del Consulado de Lima, Cuadernos de Juntas (1706-1720)*, Lima, Lumen, 1956.

– y Guillermo CÉSPEDES DEL CASTILLO, *Virreinato peruano. Documentos para su historia. Colección de Cartas de Virreyes. Conde de Monclova (1699-1705)*, Lima, Lumen, t. iii, 1955.

PÉREZ HERRERO, Pedro, "Actitudes del Consulado de México ante las reformas comerciales borbónicas (1718-1765)", *Revista de Indias*, vol. XLIII, N° 171, 1983, pp. 77-182.

PÉREZ-MALLAINA, Pablo, *Política naval española en el Atlántico 1700-1715*, Sevilla, Escuela de Estudios Hispanoamericanos de Sevilla-Consejo Superior de Investigaciones Científicas, 1982.

PICASO MUNTANER, Antoni, "Distribución de productos asiáticos en América en el siglo XVII: una aproximación", *Temas Americanistas*, N° 31, Universidad de Sevilla, Sevilla, 2013, pp. 87-109.

POMERANZ, Kenneth y Steven TOPIK, *The World that Trade Created. Society,*

Culture and the World Economy. 1400 to the Present, Nueva York, M.E. Sharpe, 2006 [2a ed.].

PORRO GIRARDI, Nelly, Juana ASTIZ y María ROSPIDE, *Aspectos de la vida cotidiana en el Buenos Aires virreinal*, Universidad de Buenos Aires, 2 vols., 1982.

PORRO GIRARDI, Nelly y Estela Rosa BARBERO, *Lo suntuario en la vida cotidiana del Buenos Aires virreinal. De lo material a lo espiritual*, Buenos Aires, Prhisco-Conicet, 1994.

PROBST, Juan, "El costo de la vida en Buenos Aires según una encuesta del año 1769", en *Contribuciones para el estudio de la historia de América. Homenaje al Dr. Emilio Ravignani*, Buenos Aires, Peuser, 1941, pp. 431-442.

QUIROZ, Enriqueta, *El consumo como problema histórico. Propuestas y debates entre Europa e Hispanoamérica*, México, Instituto Mora, 2006.

RAMÍREZ NECOCHEA, Hernán, "Antecedentes económicos de la independencia de Chile", en *Obras escogidas*, Santiago de Chile, LOM, II, 2007.

RAMOS, Demetrio, *Minería y comercio interprovincial en Hispanoamérica (siglos XVI, XVII Y XVIII)*, Madrid, Universidad de Valladolid, 1970.

ROBLES, Antonio, *Diario de sucesos notables (1665-1703)*, México, Porrúa, t. II, 1946.

ROCHE, Daniel, *A History Everyday Things. The Birth of Consumption in France, 1600-1800*, Nueva York, Cambridge University Press, 2003.

–, *La Culture des apparences. Une histoire dú vétement (XVII-XIX Siecles)*, París, Fayard, 1990.

RODRÍGUEZ CAMPOMANES, Pedro, *Inéditos políticos*, Oviedo, Junta General del Principado de Asturias, 1996.

ROMANO, Ruggiero, *Coyunturas opuestas. La crisis del siglo XVII en Europa e Hispanoamérica*, México, FCE, 1993.

RUBIO SÁNCHEZ, Manuel, *Historial de El Realejo*, Managua, Serie Fuentes Históricas, N° 4, Colección Cultural Banco de América, 1975.

SALAS DE COLOMA, Miriam, *Estructura colonial del poder español en el Perú. Huamanga (Ayacucho) a través de sus obrajes, siglos XVI-XVIII*, Lima, Pontificia Universidad Católica del Perú, t. ii, 1998.

SAYAGO, Carlos, *Historia de Copiapó*, Buenos Aires, Francisco de Aguirre, 1973.

SCHÁVELZON, Daniel, "La cerámica histórica en la Argentina", en *Cerámica y cristal*, Buenos Aires, 1998, pp. 21-24.

–, "La cerámica histórica europea en la cuenca del Plata: notas sobre Santa Fe la Vieja", *Arqueología. Jornadas de Antropología de la Cuenca del Plata*, Escuela de Antropología de la Facultad de Humanidades y Artes de la Universidad Nacional de Rosario, Rosario (Argentin), 2010, pp. 196-200.

SCHENONE Héctor, Iris GORI y Sergio BARBIERI, *Patrimonio artístico nacional, inventario de bienes muebles. Provincia de Jujuy,* Buenos Aires, Academia Nacional de Bellas Artes, 1991.

SCHURZ, William Lytle, "Mexico, Peru and the Manila Galleon", *Hispanic American Historical Review*, vol. 1, N° 4, 1918, pp. 389-402.

–, *The Manila Galleon*, Nueva York, 1959.

SERRERA, Ramón María, "El camino de Asia. La ruta de México a Acapulco", en Chantal Cramussel (coord.), *Rutas de la Nueva España*, Zamora (México), El Colegio de Michoacán, 2006, pp. 211-230.

SILVA SANTISTEBAN, Fernando, *Los obrajes en el virreinato del Perú*, Lima, 1964.

SLACK, Edwards, "Sinifying New Spain: Cathay's Influence on Colonial Mexico via the *Nao de China*", en Look Lai y Chee-Beng (eds.), *The Chinese in Latin America and the Caribbean*, Boston, Leiden, 2010, pp. 7-34.

SMITH, Adam, *Investigación sobre la naturaleza y causas de la riqueza de las naciones*, México, fcE, 1958.

SOLÓRZANO PEREIRA, Juan de, *Política Indiana* (1647), t. I, Lope de Vega, Madrid, 1972.

SPATE, Oskar, *El lago español. El Pacífico desde Magallanes* (1979), Madrid,

Casa Asia, vol. I, 2006.

STUDER, Elena, *La trata de negros en el Río de la Plata durante el siglo XVIII*, Buenos Aires, 1958.

SUÁREZ, Margarita, *Comercio y fraude en el Perú colonial. Las estrategias mercantiles de un banquero*, Lima, Instituto de Estudios Peruanos, 1995.

–, *Desafíos transatlánticos. Mercaderes, banqueros y el estado en el Perú virreinal, 1600-1700*, Lima, FCE, 2001.

SUSHIL CHAUDHURY, Sushil y Michel MORINEAU (eds.), *Merchants, Companies and Trade. Europe and Asia in the Early Modern Era*, Nueva York, Cambridge University Press, 1999.

TANDETER, Enrique, *Coacción y mercado. La minería de plata en el Potosí colonial 1692-1826*, Buenos Aires, Sudamericana, 1992.

–, "El eje Potosí-Buenos Aires en el Imperio Español", en Massimo Ganci y Ruggiero Romano (comps.), *Governare Il Mondo. L'Impero Spagnolo dal XV al XIX Secolo*, Palermo, Società Siciliana per la Storia Patria-Istituto Di Storia Moderna-Facoltà Di Lettere, 1991, pp. 185-201.

– y Nathal WACHTEL, "Precios y producción agraria. Potosí y Charcas en el siglo XVIII", en Lyman Johnson y Enrique Tandeter (comps.), *Economías coloniales. Precios y Salarios en América Latina, siglos XVIII*, Buenos Aires, FCE, 1992, pp. 221-302.

TEIXEIRA LEITE, José Roberto, *A China no Brasil. Influencias, marcas ecos e sobreviviencias chinesas na sociedade e na arte brasileiras*, Campinas, Unicamp, 1999.

TEPASKE, John, "New World Silver, Castile y Philippines 1590-1800", en John F. Richards (ed.), *Precious Metals in the Later Medieval and Early Modern World*, Durham, Carolina Academic Press, 1983, pp. 425-445.

TORRAS, Jaume y Bartolomé YUN (eds.), *Consumo, condiciones de vida y comercialización. Cataluña y Castilla, siglo XVII-XIX*, Consejería de Educación y Cultura, Junta de Castilla y León, 1999.

TORRE REVELLO, José, "Noticias de los vecinos más acaudalados de Buenos Aires en la época del primer gobierno de Pedro Cevallos (1766)", *Boletín del Instituto de Investigaciones Históricas*, t. VI, N° 33-36, Facultad de Filosofía y Letras (Universidad de Buenos Aires), 1927-1928, pp. 498-499.

TURISO, José Sebastián, *Comerciantes españoles en la Lima Borbónica. Anatomía de una elite de poder (1701-1761)*, Lima, Universidad Católica del Perú, 2002.

ULLOA, Jorge Juan de y Antonio de ULLOA, *Noticias secretas de América*, ed. a cargo de Luis Ramos Gómez, Madrid, Historia 16, 1991.

VALLE PAVÓN, Guillermina del, "Los mercaderes de México y la transgresión de los límites al comercio Pacífico en Nueva España, 1550- 1620", *Revista de Historia Económica. La Economía en tiempos del Quijote*, vol. xxiii, número extraordinario, Madrid, 2005, pp. 213-240.

VILA VILAR, Enriqueta, "Las ferias de Portobelo: apariencia y realidad del comercio con Indias", *Anuario de Estudios Americanos*, t. XXXIX,1982, pp. 275-340.

VILLA ESTEVES, Deolina, "Liderazgo y poder: la elite comercial limeña entre el comercio libre y las guerras de independencia (el caso de Antonio de Elizalde)", en Cristina Mazzeo (ed.), *Los comerciantes limeños a fines del siglo XVIII: capacidad y cohesión de una elite (1750-1825)*, Lima, Universidad Católica del Perú, 2000, pp. 133-174.

VILLAR, Ernesto de la Torre, *El contrabando y el comercio exterior en la Nueva España*, México, Colección de Documentos para la Historia del Comercio Exterior de México, Banco Nacional de Comercio Exterior, segunda serie iv, 1967.

WALKER, Geoffrey, *Política española y comercio colonial 1700-1789*, Madrid, Ariel, 1979.

YUN CASALILLA, Bartolomé (ed.), *Las redes del Imperio. Elites sociales en la articulación de la Monarquía Hispánica*, Madrid, Marcial Pons, 2008.

YUSTE, Carmen, "De la libre contratación a las restricciones de la *permission*.

La andadura de los comerciantes de México en los giros iniciales con Manila, 1580-1610", en Salvador Bernabeú y Carlos Martínez Shaw (eds.), *Un océano de seda y plata: el universo económico del Galeón de Manila*, Colección Universos Americanos, Consejo Superior de Investigaciones Científicas, Sevilla, 2013, pp. 85-106.

–, *Emporios transpacíficos. Comerciantes mexicanos en Manila 1710-1815*, México, unam, 2007.

ZERMEÑO, Guillermo (comp.), *Cartas edificantes y curiosas de algunos misioneros jesuitas del siglo XVIII*, México, Universidad Iberoamericana, 2006.

致　谢

本项历史研究是我多年心血的结晶。

我要感谢卡洛斯·马里沙尔（Carlos Marichal）、

何塞·埃米利奥·布鲁古阿（José Emilio Burucúa）、

达里奥·巴列拉（Dario Barriera）、

桑德拉·孔茨（Sandra Kuntz），

与他们的对话丰富了我的观点和见解。

我还要感谢西印度群岛综合档案馆、

阿根廷科尔多瓦省档案馆和墨西哥国家档案馆的工作人员，

是他们为我的研究提供了便利。

我也要感谢决定将这本书翻译成中文的郭存海博士，

是他给予的宝贵机会让我的研究得以传播到西班牙语世界以外的读者中，

让中国的研究人员和普通公众有机会接触到我的著作。

我还要感谢许硕和郭晓娜两位译者的精彩翻译。

最后，

我要感谢斯蒂文·索特雷（Esteban Zottele），

在我 2017 年短暂访问中国期间，

他尽心地接待了我并充当我的向导。

我为本书能为促进人们对中国

与拉丁美洲的历史关系的了解做出贡献

而感到荣幸。